Conflits identitaires
et enjeux économiques internationaux
dans la région des Grands Lacs

Points de vue
Collection dirigée par Denis Pryen

Dernières parutions

Serge TCHAHA et Christophe DEGAULE, *Le lion's spirit,* 2014.
SHANDA TONME, *La presse en accusation. Soupçons sur un pouvoir au-dessus de tous les pouvoirs*, 2014.
Armand SALOUO, *Vaincre la corruption en Afrique, la solution patrimoniale,* 2014.
Jonas SILIADIN, *Togo, démocratie impossible ?,* 2014.
Daniel NKOUTA, *La question nationale au Congo-Brazzaville*, 2014.
Georges MAVOUBA-SOKATE, *La construction d'une conscience nationale au Congo par les musiciens*, 2014.
Martine et Jean-Pierre VERNIER – Élisabeth Zucker-Rouvillois, *Etre étranger en terre d'accueil*, 2013.
Grégoire LEFOUOBA, *Curriculum vitae du Congo, Rive Droite,* 2013.
Bastaine Yannick MOUBAMBA, *Mythe de l'eldorado et psychopathologie*, 2013.
Jérôme GUIHO, *Mahamadou Danda, un Nigérien libre*, 2013.
Henri PEMOT, *Mali. Lettre ouverte au président*, 2013.
Rachel-Albert KISONGA MAZAKALA, *L'idéologie du Lumumbisme,* 2013.
Jean Carletto BOPOUNGO, *L'insertion professionnelle des jeunes en échec scolaire. Le projet des z'héros*, 2013.
Cédric ONDAYE-EBAUH, *Crises financières internationales et pays en développement. Les enseignements pour le Congo Brazzaville,* 2013.
Anicet BOKA, *Coupé-décalé. Le sens d'un genre musical en Afrique*, 2013.
Denise BUCUMI-NKURUNZIZA, *The power of hope. The First Lady of Burundi. My story,* 2013.
Alexandra FOUILLOUX, *Les enjeux de la crise dans le delta du Niger*, 2013.
Mosamete SEKOLA, *Combat pour la résurrection du MNC*, 2013.

Jean-Bosco Germain ESAMBU MATENDA

CONFLITS IDENTITAIRES ET ENJEUX ECONOMIQUES INTERNATIONAUX DANS LA REGION DES GRANDS LACS

Préface d'Olivier Kahola Tabu

L'Harmattan

5-7, rue de l'École-Polytechnique ; 75005 Paris
http://www.harmattan.fr
diffusion.harmattan@wanadoo.fr
harmattan1@wanadoo.fr
ISBN : 978-2-343-03830-8
EAN : 9782343038308

À Bernard Munanga Muzungu dont la disparition inopinée a prématurément scellé le destin en date du 11 janvier 2014 alors que nous avions encore à faire du chemin ensemble.

Préface

Il y a pratiquement deux décennies déjà que la région des Grands Lacs connait une profonde instabilité. Plusieurs paramètres expliquent cette situation chaotique. Les conflits ethniques que l'auteur nomme à juste titre « identitaires », les enjeux géostratégiques de grandes puissances, les motivations économiques, l'extension immorale des multinationales capitalistes, etc. Tous ces facteurs combinés font de la région des Grands Lacs, un désastre humanitaire avec une ramification plurielle dans d'autres États.

Dresser un instantané de la situation dans pareil contexte de volatilité n'est pas facile. Cependant, il faut oser pour tenter une explication de la récurrente instabilité dans la région. C'est tout le mérite de cette œuvre qui instille des enjeux géopolitiques au sein des États de la région des Grands Lacs, tout en mettant un accent particulier sur un détonateur des conflits, qui n'est autre que la revendication identitaire.

Esambu Matenda Jean- Bosco Germain, en observateur averti, trouve dans la région des Grands Lacs un terrain de prédilection pour étudier une autre asymétrie : celle entre d'une part les conflits identitaires et d'autre part les faces cachées, parfois ténébreuses, de l'arène des puissances internationales. Chacune de ses interventions lors des colloques peignait un portrait des enjeux géostratégiques d'une grande densité pour un internationaliste. C'est à partir de ses analyses que s'est développé son intérêt pour la région des Grands Lacs confrontée aux soubresauts et violences indescriptibles.

Son intérêt ne s'est jamais tari et le présent ouvrage est le résultat heureux d'un prolongement de ses réflexions. Certes, plusieurs thèses sont avancées pour expliquer l'instabilité dans la région des Grands Lacs. En même temps, quelques pistes de solutions sont proposées pour pacifier la région. Pour les uns, il faudrait créer une zone de libre-échange entre les États de la région des Grands Lacs. Les itératifs conflits seraient alors dus aux besoins économiques et démographiques du Rwanda. Pour les autres, la RDC serait un État en faillite, de ce fait, incapable d'imposer un leadership dans la région. Pour la rendre compétitive, il faut la démembrer. Colette Braeckman[1] note qu'un plan de démantèlement fut envisagé. Au Pentagone et d'autres spécialistes avaient plaidé en faveur de la « création de pays homogènes sur le plan ethnique, ce qui impliquait nécessairement de redessiner les frontières internationales et requérait d'importants efforts de réinstallation des populations. Il allait jusqu'à envisager la création d'États hutus et tutsis, ce dernier pouvant se situer dans l'est du Congo ». L'identité ethnique est constamment mobilisée comme solution aux affres que connait la région des Grands Lacs.

Dès lors, la médiatisation de la protection des minorités rwandaises peut être interprétée comme la mise en œuvre d'un ambitieux projet régional, sinon comme une tentative pour redessiner la carte de l'Afrique, souligne encore Colette Braeckman.

Bosco Esambu rebondit sur ces entrefaites et tente de montrer que les conflits identitaires sont la cause profonde de l'instabilité de la région. Le néosionisme des Tutsi, part d'une déformation de la réalité identitaire nationale et/ou

---

[1] Colette Braeckman, *Les Nouveaux Prédateurs. Politique des puissances en Afrique centrale*, Paris, Fayard, 2003, p. 57.

régionale. Pour ce faire, les dirigeants Rwandais manipulent les médias, les diplomaties et politiques internationales de l'expression minorité rwandophone congolaise ou encore les marginalisés. L'intériorisation de ces expressions dans les opinions nationales et internationales culmine à la construction de l'hégémonie identitaire. Ainsi, la cyclicité de l'instabilité régionale découle du conflit dit rwando-rwandais, qui s'est régionalisé vers le Burundi, l'Ouganda et la R.D.C. Il naît du prisme identitaire intra-Rwanda et contamine les États voisins.

Quelle est donc l'originalité d'un tel portrait des États en ce début de siècle ? Tout d'abord, Bosco Esambu nous montre les configurations émergentes de conflits qui puisent leur énergie dans l'instrumentalisation stratégique de l'identité ethnique. Les discours sur les minorités ethniques sont un déclencheur des tensions au sein des États et en dehors de ceux-ci. Les conflits dévastant la région des Grands Lacs se mènent d'abord avec des idées, puis les concepts précèdent les hostilités, et enfin, les affrontements sous l'égide des puissances occidentales. Bosco Esambu note avec raison que par-delà toute idée traditionnelle de conception des conflits africains, ces guerres récursives ne seraient qu'une remise en cause du sentiment d'appartenance à la même région que partageraient les groupes sociaux et politiques. Les perceptions différentes, le rôle joué par certaines ethnies dans les processus politiques décisionnels national, régional et international soulèveraient l'interminable débat sur l'identité. C'est ainsi qu'il affirme sans atermoiements que les conflits régionaux sont un terrorisme tant au sein des États que de la région.

Pour pénétrer les enjeux politiques et économiques, Bosco Esambu dresse un état des lieux nuancé de la spécificité du sentiment régional. Après les indépendances obtenues dans les années 1960, les États de la région ont exposé leur incapacité de subsister en partageant un nationalisme régional. Les politiques nationales et régionales seraient orientées par les enjeux économiques des multinationales et de grandes puissances. Ces dernières selon les enjeux stratégiques de leurs États n'hésitent pas à financer des groupes ethniques dans les États, en instaurant ainsi un terrorisme intrarégional et interétatique. C'est finalement cette donnée qui est fortement médiatisée afin d'un maintenir des États instables où les multinationales exploitent indûment les richesses naturelles.

Pour confronter cette thèse, l'auteur expose avec finesse la fébrilité des alliances politiques, la juxtaposition et la superposition des enjeux socioéconomiques et culturels des dirigeants. Bosco Esambu démontre que les guerres des années 1990 ont eu pour stratégie la construction des alliances militaires entre les guérilleros. Cette phase était celle de l'affiliation politique. C'est à ce stade que les nouveaux maîtres de la région ont affiché remarquablement les identités différentes comme repères. Celles des années 2003 résultent de la désaffiliation politique à cause de la désobéissance ou du jeu de double face de certains acteurs.

Comme on le remarque, les dirigeants de la région des Grands Lacs savent se servir suffisamment de la donne ethnique pour asseoir leur politique. Tout cela, à travers un jeu interactionnel dont ce livre démêle les rouages – et c'est ici que le « conflit identitaire » apparaît dans sa valeur d'assertion performative, à défaut d'avoir une valeur proprement descriptive. L'univers identitaire dans lequel l'auteur nous fait pénétrer apparaît au total très peu fusionnel, les attachements et les loyautés de chacun des dirigeants restant plutôt dévolus aux soutiens de grandes puissances. Tout au long du travail apparaît d'ailleurs l'importance de la ruse, voire du cynisme, dans les tactiques développées par les dirigeants des Grands Lacs à mobiliser la communauté internationale à leur cause.

Dans cette machination, quel est le rôle de la communauté internationale ? La RDC a toujours été un enjeu des grandes puissances occidentales. L'auteur le décrit dans cette œuvre. L'indépendance politique elle-même fut décidée à la table ronde de Bruxelles en 1959. De juillet 1960 à ce jour, les accalmies congolaises sont le produit des résolutions de l'ONU et de la configuration du système international. Les questions de gouvernance, des droits de l'homme et droit international humanitaire, et de démocratisation des institutions sont mobilisées pour motiver leurs actions politico-économiques. Ne sommes-nous pas depuis que l'économie s'est mondialisée dans une phase où les frontières ne sont plus inviolables ? L'autorité des États n'est plus souveraine et le droit international lui-même est sujet à distorsions. Quand les intérêts capitalistes sont sauvegardés, les accords et autres traités internationaux sont brandis. À l'inverse, les discours développés restent identitaires (congolo-congolais, etc.).

Bref, à travers tous ces éléments qui témoignent des logiques enchevêtrées aux « conflits identitaires » dans la région des Grands Lacs africains, cet ouvrage permet une approche précise et subtile des enjeux culturels, politiques et géostratégiques.

Lubumbashi, le 19 mai 2014

Professeur Kahola Tabu Olivier

Université de Lubumbashi
(République démocratique du Congo)

Avant-propos

Ce livre est le résultat de plusieurs communications faites aux conférences et colloques nationaux et internationaux. Elles l'ont été devant des universitaires de tous les niveaux, professeurs, étudiants, chercheurs indépendants, journalistes et acteurs politiques. J'ai rassemblé mes conférences s'étalant sur la période de 2010 à 2013. Les points de vue ont été revus en raison de la nécessité scientifique de leur actualisation.

Pourquoi écrire ? Il faut d'abord *prendre absolument part au débat sur les crises, conflits et guerres africains. Il y a urgence de recadrer les débats afin d'éviter la falsification.* Ensuite, en mars 2013, je donnais une conférence dont le thème constitue le premier chapitre de cet ouvrage, cela à un colloque international organisé par la Faculté des sciences sociales, politiques et administratives de l'Université de Lubumbashi et le British Council de l'ambassade de Grande-Bretagne à Nairobi. Ce colloque se tint à Lubumbashi. Le constat est que ce papier, pourtant mieux apprécié par l'assistance et le comité scientifique des éditions L'Harmattan, n'a pu aboutir à sa publication dans le volume consacré aux *identités, ressources naturelles et conflits en République démocratique du Congo :...* J'ai trouvé la raison avancée par l'éditeur physique fallacieuse et dubitative pour un scientifique. Et pourtant, les efforts fournis méritaient bien d'être respectés par quiconque. C'est ce papier qui a révolutionné mon moi afin de tenter mon expérience personnelle.

Enfin, faisant suite à la seconde raison, il faudra que le Congolais comprenne que le premier destructeur de son pays *c'est lui-même* bien avant de s'attaquer à l'étranger. Mais aussi, le maltraité devra quitter les ailes des petits protecteurs afin de s'émouvoir librement de son devenir ; la dépendance nuit. J'ai donc jugé utile de me libérer de celui qui se croit *trompeusement* et *erronément* être la porte du bonheur des autres.

Dans la synthèse des mes idées, je dégage l'idée de voir (re)naître un État puissant au cœur de l'Afrique ; préoccupation à laquelle j'ai consacré ma dissertation doctorale en considérant la région d'Afrique subsaharienne. Les préoccupations qui mineraient cet objectif sont discutées dans les parties de cet ouvrage, toutefois avec une remise en cause, une démystification du mythe que l'on tend à enkyster dans l'esprit des citoyens des Grands Lacs africains en général, et en particulier des Congolais.

En Afrique australe, l'on sait que si une élection présidentielle se tient dans un État d'Afrique centrale, le choix sera dicté par les paramètres tribaux, donc identitaires. Si un conflit ou une crise éclatent entre États ou peuples, l'interprétation, la recherche de la stabilité, etc. sont à trouver dans les racines ethniques. Outre ce paramètre, l'on pense à la convoitise des ressources naturelles. Mais l'on ne projette pas dans l'avenir la recomposition de l'État dont la déliquescence est avancée. Cette dernière n'est pas combattue, même pas par les dirigeants et intellectuels. Ils se contentent des éphémères avantages liés au pouvoir mais ignorent ce qui en fait la force.

Ce livre s'adresse à tout Africain, surtout aux Congolais afin de les inviter à croiser leurs regards jusqu'à rejeter les *sentiments identitaires, conflictuels et pilleurs* des ressources, lesquels sont inventés dans l'objectif de les enfermer dans un cercle vicieux de la pauvreté, du sous-développement. Certaines idées sont discutées avec nos étudiants et collègues de l'université sans pour autant prétendre demeurer radicales. Les bénéfices des diverses critiques reçues ont été retirés avant de compiler nos textes. Puisqu'il est la somme des communications, lesquelles sont conclues à la fin, je me réserve de brosser une autre conclusion à la fin de cet opuscule en vue d'éviter l'amalgame.

J'adresse un mot particulier de remerciement aux Professeurs Ordinaires Ildefonse Chabu Mumba et Nkiko munya Rugero, respectivement Recteur et Secrétaire général académique de l'Université de Lubumbashi de m'avoir encouragé à regarder l'avenir avec beaucoup d'optimisme et respect de soi. Cet ouvrage est le fruit de la capitalisation de leurs conseils.

Une grande dette à payer est celle de remercier mon collègue, Prof. Kahola Tabu Olivier, pour ses encouragements à nous éditer nous-mêmes dans n'importe quelle maison. Il s'est indigné de l'humiliation m'infligée en public et estimé inacceptables de tels actes. J'adresse ma gratitude aux Professeurs Osako Onowamba Angel et Kasongo Ngoy Pauni pour leur soutien moral dans la réalisation de ce noble projet. Ce devoir de reconnaissance se termine en pensant à Germaine Mamy Esambu, Chrinore Ngoyi, Jénovic Mukonkole, Nexel Kiabu, Mérita Kitenge, Elartios-Germain Matenda et Carine Matenda pour leur affection pendant que nous étions enclins à ce travail intellectuel.

Lubumbashi, le 25 février 2014

CHAPITRE I

Prisme identitaire et échec des résolutions des conflits locaux-régionalisés dans la région des Grands Lacs africains[1]

Introduction

"L'État n'a pas d'amis (ni d'ennemis) ; l'État n'a que des intérêts". Mais dans le cas de la région des Grands Lacs africains, les États ont des ennemis. N. Bunka fait remarquer que "l'époque contemporaine est marquée par un double processus apparemment contradictoire : la globalisation économique, technologique, écologique, médiatique et culturelle de la planète, d'un côté ; son apparente fragmentation politique, ethnique, culturelle et religieuse de l'autre"[2]. Le second processus conduisant à la fragmentation construit un prisme identitaire résultant de la représentation de soi.

---

[1] Mots clefs : *Identité, Prisme identitaire, locaux-régionalisés, néosionisme, locaux-régionalisation, agrerébellion, intra-Grands Lacs, nationalisme régional.*

[2] Nichifutsu Bunka, *"Identité et globalisation"*, Conférence prononcée à l'université du Tohoku à Sendai (Japon) le 10 février 2004, in *Revue de collaboration culturelle de la Maison franco-japonaise de Tokyo,* numéro d'automne 2004, trouvable sur *Internet,* http://www.breizh.net/identity/galleg/identite_globalisation.htm, consulté le 5 avril 2013 à 18 heures 40.

Depuis la publication du *rapport des Nations unies sur la violation des droits de l'homme en République démocratique du Congo en octobre 2010*[1] et des divers dossiers sur *l'état des lieux des droits humains au Rwanda*[2], *Burundi*[3] *et Ouganda*[1], la

---

[1] Ajoutons-y Assemblée générale-Conseil des droits de l'homme, *rapport du haut-commissaire des Nations unies sur la situation des droits de l'homme et les activités du haut-commissariat en République démocratique du Congo* A/HRC/13/64, New York, Nations unies, treizième session, 28 janvier 2010, 19 pp. ; Conseil des droits de l'homme, *deuxième rapport conjoint de sept experts des Nations unies sur la situation en République démocratique du Congo*, treizième session, New York, Nations unies, 8 mars 2010, 26 pp. ; Assemblée générale - Conseil des droits de l'homme, *Assistance technique et renforcement des capacités. rapport de l'expert indépendant sur la situation des droits de l'homme en République démocratique du Congo* A/HRC/7/25, Titinga Frédéric, Pacéré, New York, Nations unies, septième session du 29 février 2008, 22 pp. ; Assemblée générale - Conseil des droits de l'homme, *rapport annuel du haut-commissaire des Nations unies aux droits de l'homme et rapport du haut-commissariat des Nations unies aux droits de l'homme et du Secrétariat général : rapport du haut-commissaire des Nations unies sur la situation des droits de l'homme et les activités du haut-commissariat en République démocratique du Congo*, A/HRC/10/58, New York, Nations unies, Dixième session du 2 avril 2009, 21 pp., Assemblée générale - Conseil des droits de l'homme, *rapport du haut-commissaire des Nations unies sur la situation des droits de l'homme et les activités du haut-commissariat en République démocratique du Congo*, A/HRC/13/64, New York, Nations unies, Treizième session du 28 janvier 2010, 19 pp. et Assemblée générale - Conseil des droits de l'homme, *troisième rapport conjoint des sept experts des Nations unies sur la situation en République démocratique du Congo* A/HRC/16/68, New York Nations unies, seizième session du 9 mars 2011, 8 pp.

[2] Assemblée générale-Conseil des droits de l'homme, *rapport de l'experte indépendante sur les questions relatives aux minorités, Gay McDougall*, A/HRC/19/56/Add.1, dix-neuvième session 28 novembre 2011 et U.S. Department of State, *"2010 Human Rights Report :Rwanda"*, by Internet, ahttp://www.state.gov/documents/organization/160139.pdf, 41 pp, consulté le 27 mai 2013 à 10 heures 51 minutes.

[3] U.S. Department of State, *"2010 Human Rights Report : Burundi"*, by Internet,

configuration géopolitique et sécuritaire laisse lire un désastre régional. En 1994, lorsque le Front patriotique rwandais (F.P.R.) attente à l'avion du président Habyarimana et que s'en suit le génocide, le feu venait d'être mis à la poudrière dans toute la région[2]. L'aggravation intervient, en octobre 1996, avec l'assaut lancé par l'Alliance des forces démocratiques pour la libération du Congo (A.F.D.L.) visant à renverser le régime dictatorial du maréchal Mobutu.

Les flux migratoires des populations rwandaises vers la République démocratique du Congo (R.D.C.) - pratiquant ses politiques de bon voisinage et d'hospitalité légendaire - fuyant la guerre de génocide entraineront un déplacement facile et déréglementé de la main-d'œuvre guerrière. Le retard pris dans le lancement de négociations internationales ou l'envoi des forces multinationales intégrées pour la pacification de la région constituera une complicité. Le nouveau mécanisme sécuritaire régulateur n'était que la conclusion d'alliances militaires entre nouvelles puissances, surtout pour la défense du *nationalisme minoritaire.*

Sur fond de crise, l'éclatement de la guerre au Rwanda, puis en R.D. Congo, est dû à l'ostracisme des *minorités* tutsi et twa par les Hutu. Les revendications "intrarwandaises"

---

http://www.state.gov/documents/organization/160139.pdf, 44 pp, consulté le 27 mai 2013 à 10 heures 51 minutes.

1 U.S. Department of State, *"2010 Human Rights Report: Uganda"*, by. Internet, http://www.state.gov/documents/organization/160149.pdf, 53 pp. consulté le 27 mai 2013 à 10 heures 30 minutes.

2 L'analyse chronologique des événements génocidaires permet d'indiquer deux grands moments parmi tant d'autres. Le premier est l'attentat contre le Falcon 50 transportant les présidents rwandais et burundais le 6 avril 1994 et le second et le déclenchement du génocide le 7 avril de la même année sous la houlette du F.P.R. s'agit-il d'une coïncidence ou d'une programmation d'actions politiques ?

revêtiront un caractère *régional*[1] et un *nationalisme minoritaire*[2]. Cette question est sociologique et psychologique *en amont*, dans la mesure où elle concerne les modalités de construction de l'identité des peuples rwandais dits minorités. Mais en aval, e*lle est politique, parce qu'elle met en cause l'État-nation et la sacralité de l'État. Elle concerne l'administration, puisqu'elle met en cause la centralisation*[3] *et la dictature.* Elle met en cause la capacité d'auto-organisation politique des États, les mécanismes de sécurisation des entités et la capacité de maintien de la stabilité régionale. De même, la question est économique, car elle pose la problématique de l'exploitation illicite des ressources étatiques par des *individus-États*; ce qui renie leur profitabilité à la population. De surcroit, la question revêt un aspect diplomatique du fait d'inviter les acteurs à organiser des pourparlers afin de négocier la paix et la sécurité régionales sur fond de la quête du leadership de l'ethnie tutsi clamant l'ostracisme.

La gestion du Rwanda depuis la fin du génocide s'est faite dans le but de hisser la domination tutsie. Les croisades de l'A.F.D.L. (octobre 1996 à mai 1997) et l'opposition armée (1998–2003)[4] furent préparées et accomplies dans la

---

1 Ces revendications tutsies ont traversé les frontières pour impacter le Burundi, la République démocratique du Congo (telle que la question des soi-disant minorités rwandophones congolaises connues sous l'appellation des Banyamulenge) et l'Ouganda. Néanmoins, il convient de noter que la vie politique burundaise couvait le même type des revendications sans pour autant trouver d'opportunité d'éclatement. *Le génocide rwandais est le fait déclencheur de contestations à base minoritaire.* Il est perçu par les Tutsi comme la remise en question de la domination de quelque nature et degré qu'elle soit.

2 Nichifutsu Bunka, *Art. Cit.*, s.p.

3 *Ibidem.*

4 Par opposition armée, il faut entendre le Rassemblement congolais pour la démocratie (R.C.D.) sous toutes ses ramifications et le Mouvement de libération du Congo (M.L.C.) de Bemba Gombo Jean - Pierre. En se ramifiant, le R.C.D. se

violation complète des droits de l'homme en culminant sur la rivalité des peuples *minoritaires* contre les *majorités*. L'impossible étant africain, le piétinement des tentatives des résolutions des conflits dans la région[1] les enlise.

Dans cette réflexion, nous posons les questions suivantes : quelle interprétation donner aux conflits africains dans la région des Grands Lacs africains ? Quel est l'impact du prisme identitaire et des revendications des nationalismes minoritaires sur le processus de résolution des conflits pérennes dans cette région ?

Par-delà toute idée traditionnelle de conception des conflits africains, il ressort que l'autre appréhension retient que ces guerres récurrentes ne seraient qu'une remise en cause du sentiment d'appartenance à la même région que partageraient les groupes sociaux et politiques. Les perceptions différentes, le rôle joué par certaines ethnies dans les processus politiques décisionnels national, régional et international auraient soulevé l'interminable débat sur l'identité. Bien des études s'étant fait trop l'œil, il est à indiquer que les conflits régionaux sont un terrorisme tant au sein des États que de la région.

Cette réflexion comportera six points permettant d'arriver au bout des objectifs assignés. Quelle interprétation faire des confits africains dans la région des Grands Lacs est le questionnement constituant le premier point. En un second moment, nous démontrons le prétexte qui fonde la question identitaire. Quant au troisième point, l'accent est mis sur l'identité et la guerre identitaire. La quête de l'identité hégémonique a des relations avec la

---

scinda en Rassemblement congolais pour la démocratie – Goma de Ruberwa Manywa Azarias et Rassemblement congolais pour la démocratie – Mouvement de libération basé à Kisangani de Mbusa Nyamwisi Antipas.

[1] Notamment au Rwanda, Burundi, République démocratique du Congo et Ouganda.

guerre politique. Elle conduit aux conflits régionaux cycliques. En quatrième lieu, l'étude expose comment les droits de l'homme font irruption dans la question identitaire. Et le cinquième point discute du fondamental prisme identitaire qui fait achopper les perspectives de restauration de la paix par voie diplomatique. Au sixième point, nous ébauchons les pistes de solution.

1 Quelle interprétation faire des conflits ?

1.1. La circonscription du cadre d'analyse

L'espace Grands Lacs dont il est question est d'abord conçu originellement. Dans le cadre de la présente analyse, il comprend la République démocratique du Congo (R.D.C.), le Rwanda et le Burundi.

Nous l'étendons à l'Ouganda par ricochet du fait de son implication dans les conflits. Des analyses et considérations récentes empruntent la perception de la Conférence internationale sur la paix et le développement de la région des Grands Lacs, laquelle insère la Tanzanie, la Zambie, le Soudan[1] et l'Angola. Puisque le Kenya est confronté aux conflits identitaires dans la vallée du Rift, les géopoliticiens estiment qu'il importe de l'englober dans le même espace, malgré sa localisation géographique assez éloignée, afin de trouver solution à la guerre identitaire intra-kenyane.

1.2. La remise en cause de la spécificité du sentiment régional ?

La spécificité du sentiment régional procède de l'histoire des États formant la région des Grands Lacs africains, laquelle s'est tissée progressivement dans une réalité africaine circonscrite dans les origines des ethnies et la

---

[1] *Nous le citons selon la formule de l'Accord. Mais actuellement, c'est le Soudan du Sud qui est concerné grâce à sa proximité géographique avec la R.D.C.*

décomposition géographique issue de la Conférence de Berlin. La colonisation dotera aux États un contexte géopolitique précis donnant à chacun des réalités sociologiques, économiques et politiques particulières difficiles à homogénéiser.

En guise d'illustration, C.M. Mwabila note que "la société congolaise offre à l'observation l'image d'un espace social déstabilisé, continuellement en quête d'un équilibre difficilement atteint, en dépit de l'existence d'une organisation étatique, prolongement de l'État indépendant du Congo établi au 19e siècle par la volonté du colonisateur. De ce qui pouvait apparaître initialement comme un agrégat des groupes ethniques rassemblés sur un espace géographique, aux contours bien définis, s'est élaborée une spécificité à ce jour mal comprise parce qu'occultée par des rapports politiques souvent en décalage par rapport à cette spécificité"[1].

Après des décolonisations sans réelles perspectives, les indépendances obtenues dans les années 1960 ont conféré aux États des Grands Lacs un statut international individualisé. Et pourtant, les luttes anticolonialistes avaient bien démontré la capacité des colonisés à s'autogouverner. De même, depuis 1960, les États de la région ont exposé leur incapacité de subsister en partageant un *nationalisme régional*[2].

---

[1] Mwabila Malela Clément, Devoir de mémoire et conscience critique en RDC, Kinshasa, Éditions Universitaires Africaines, s.d. p. 48.

[2] C'est l'absence d'un *nationalisme régional* qui est la cause réelle des conflits. Utilement, l'on parlerait du *régionalisme,* terme qui renvoie à l'économie. Son sens intéressant est le sentiment d'appartenir à une entité étatique. Le nationalisme régional traduirait ce sentiment des peuples de la région des Grands Lacs africains de se considérer comme citoyens régionaux malgré l'existence des entités étatiques indépendantes, délimitées par des frontières. S'il est vrai que la Conférence de Berlin de novembre 1884 à février 1885 avait *arbitrairement divisé l'Afrique*, l'Afrique

1.3. Autre caractérisation des conflits intrarégionaux

Plus n'est besoin de qualifier les différents conflits qui traversent la région depuis bientôt deux décennies. L'on s'accorde sur le génocide rwandais d'avril-juin 1994, de la première et la deuxième agression rwando-ougandaise[1] contre la République démocratique du Congo notamment en 1996-1997 et 1998-2003, la rébellion de la Lord's Resistance Army (LRA) au nord Ouganda.

• Il faudrait convenir et commencer par qualifier comme un terrorisme [1] intrarégional et interétatique [2] financé par les États· les firmes transnationales et les responsables politiques à réputation internationale· Politiquement, les conflits des Grands Lacs africains visent les mêmes objectifs que ceux entretenus par les talibans afghans, le Hezbollah libanais, les moudjahidin afghans, la nébuleuse Al-Qaida et ses ramifications, etc. Ces insécurités récurrentes se distinguent des conflits africains épinglés dans cette étude par la religiosité islamique conduisant à l'ostracisme.

• Tous les conflits sont conçus, préparés, financés et commandés de l'extérieur. Bien que le génocide rwandais soit l'œuvre des nationaux rwandais, l'implication des puissances extérieures est toujours discutée, voire

---

subsaharienne n'a pas raison de connaître de conflits interétatiques. *Le nationalisme régional n'est pas mineur et limité. Il est un idéal qui se façonne au fur et à mesure que les peuples acceptent leurs différences pour coexister pacifiquement. Il trouve ses racines dans le processus d'intégration économique pour se parachever dans la création d'un ensemble politique régional.* Son absence prouve effectivement le caractère infondé de la présence militaire rwando-ougandaise en R.D.C.

[1] Le Burundi a participé à la première guerre-agression contre la R.D.C. Il retirera ses troupes suite aux pressions internationales (O.N.U., U.A. et puissances occidentales) et aux accusations de l'État agressé. Jean-Claude Willame, Les "Faiseurs de paix" au Congo. Gestion d'une crise internationale dans un État sous tutelle, Bruxelles, Ed. GRIP – Complexe, 2007, p. 41 retient également le Rwanda et l'Ouganda comme deux agresseurs du Congo.

démontrée. À ce titre, la détérioration des relations diplomatiques entre la France et le Rwanda, et pour une période considérable entre le Rwanda et l'Ouganda, accrédite cette thèse.

• Ce sont des conflits interétatiques du fait d'être réflexifs ayant les territoires étatiques régionaux pour base arrière.

• Ces guerres sont interethniques au sein et entre les États. Les fondateurs des mouvements armés partent de leurs bases ethniques pour recruter les soldats devant servir d'éléments des troupes. Dès lors, il se constitue une milice capable d'entrer en contact avec les groupes éthiques voisins afin d'agrandir le cercle d'influence et la force de frappe.

• Les conflits internes des Grands Lacs africains connaissent un effet de contagion. Elles alimentent les soulèvements armés dans les États et nourrissent les régimes despotiques par le jeu des négociations interminables sollicitant la présence des responsables de départ.

1.4. Les conflits locaux-régionalisés dans les Grands Lacs africains

Le premier conflit, moins épinglé, est celui qui nait au Burundi en 1993[1]. Il impacte le Rwanda. À notre analyse, ce conflit sera relativement *interpellant* car la problématique de la reconnaissance du génocide burundais sera moins débattue et médiatisée par la communauté internationale. L'on parle plus de la guerre civile burundaise. Et pourtant le rapport S/1996/682 atteste qu'il y a eu des actes de génocide contre les Tutsi[2]. Le second conflit mortifère, qui acquiert une ampleur régionale grâce aux hécatombes et la

---

1 Indiquons que déjà en 1972, il y a eu un massacre de génocidaire.

2 Anonyme, "Histoire du Burundi", by Internet, http://fr.wikipedia.org/wiki/Histoire_du_Burundi, consulté le 27 mai 2013 à 10 heures 3 minutes et U.S. Department of State, *"2010 Country Reports on Human Rights Practices: Burundi"*, by. *Internet*, http://www.state.gov/documents/organization/160111.pdf, 44 pp, consulté le 27 mai 2013 à 10 heures 38 minutes.

médiatisation est le génocide rwandais de 1994. Vis-à-vis du Burundi, le génocide rwandais produit des effets symétriques ; le départ étant la mort du président burundais aux côtés de son homologue rwandais dans l'attentat du 6 avril 1994. Ses conséquences au Burundi rendent la quête de l'équilibre politique intraburundais quasi impossible[1]. Le troisième conflit qui apparaît par ricochet à la situation sécuritaire rwandaise désagréable est la guerre d'*agrerébellion* contre la R.D.C.

Les conflits ainsi présentés forment un cercle vicieux régional. La fragilité commence par la traversée des populations en quête des espaces paisibles. Il importe de retenir que lesdits conflits demeurent non résolus du fait la contestation ethnique de la monté en puissance de l'ethnie tutsi au pouvoir au Rwanda et Burundi. Sa pénétration dans la politique congolaise incruste les impossibilités démontrées par les partis d'opposition décriant la domination[2].

---

[1] Il importe aussi de relever que l'accusation contre les Tutsi et extrémistes hutu d'avoir organisé le génocide peut même être démontée en partie. Dans la mesure où le Burundi faisait objet de contestations ethniques, peut-on estimer qu'au Rwanda, s'était constitué un groupe des extrémistes Hutu burundais et rwandais s'alliant aux Tutsi à des fins génocidaires ?

[2] À l'heure où la dernière main est mise sur cette étude, le président tanzanien lance l'invitation, le 23 mai 2013 au sommet de l'Union africaine à Addis-Abeba, au Rwanda et à la R.D.C. de négocier sur la résolution pacifique du différend et l'entrée en action de la Brigade onusienne d'intervention armée afin de mettre fin aux groupes rebelles. Informations tenues de la Radio Communautaire du Katanga, mardi 28 mai 2013 à 7 h 00.

2. Quel fondement pour la question identitaire : le prétexte ?

2.1. Le mot identité

Le concept d'identité n'est pas récent mais vieux d'il y a deux mille ans de débats. "Le point de vue le plus radical est sans doute celui de David Hume (1968), pour qui la notion d'identité n'est rien d'autre qu'une illusion engendrée par le temps. Alors que tout élément est qualitativement variable, nous le percevons dans la durée à travers le prisme d'une constance et d'une permanence des impressions. Nous parvenons à le fixer ainsi par des perceptions fausses, non véritablement observées. L'identité est une fiction"[1].

La réalité de l'être, cependant, ne peut se concevoir sans la substance qui le constitue. Aristote ramène à ces catégories fondatrices que sont notamment, pour l'individu, les habitudes (*ethos* et *hexis*) : il ne saurait être défini par le seul monde des idées. Comment situer l'identité entre substance et perception, entre changement permanent et fixité ? Kant reprend l'idée de substance et la transforme en "invariant relationnel"[2]. À l'origine, le mot identité renferme la nécessité de lister les éléments *identifiants* des personnes physiques. C'est ainsi que l'on distinguera l'identité de papier et la carte d'identité[3].

2.2. La théorie de l'identité

L'identité se construit dans des relations. Vienne souligne que les identités seraient créées et maintenues par le jeu d'interactions entre groupes qui se rompt avec la vision statique de l'identité qui veut que celle-ci soit une donnée de fait. Au contraire, son caractère dynamique nous

---

1 David Hume, cité par Jean-Claude Kaufmann, L'Invention de soi. Une théorie de l'identité, Paris, Ed. Pluriel, 2004, p. 16.

2 Paul Ricœur, Soi-même comme un autre, Paris, Seuil, coll. "Points", 1990, p. 143.

3 Jean-Claude Kaufmann, *Op. Cit.*, pp. 17 -24.

pousse à la considérer comme une réalité qui ressort autant du conflit, du rapport des forces que de l'équilibre des structures. L'identité devient ainsi un processus en perpétuelle formation, une situation historique, une construction qui doit être comprise comme telle, faisant de l'identité un "kinéma" c'est-à-dire une réalité dynamique de la ville plutôt qu'une "photographie", réalité figée[1].

À proprement parler ; il n'existe pas une théorie de l'identité[2]. Mais la démarche utilisée pour voir clairement sur le concept est celle qui conduit à la *théorisation.* Ainsi, deux opérations sont nécessaires. D'après M. Gauchet, il faut séparer clairement individu et identité ; et inscrire avec précision le phénomène identitaire dans l'histoire. Car il ne saurait posséder "une validité anthropologique universelle, indépendamment de tout contexte social-historique"[3].

Vouloir façonner une théorie nous invite à nous appuyer sur Kaufmann qui pense que le retournement historique est une théorie de l'identité[4]. Le retournement s'opère au moment où "certains individus ont sans doute joué un rôle notable dans l'histoire de soi… Nantis poussés par leurs avoirs à se constituer en sujets intellectuels, aventuriers en tout genre et désaffiliés par le haut de la bonne société, désaffiliés par le bas des vagabondages sans feu ni lieu, désaffiliés par la marge de la vie d'artiste. Mais le centre du retournement, le facteur le plus agissant est ailleurs, dans la formation de l'État, dont l'essor a été inversement

---

1 Vienne, citée par Dibwe dia Mwembu Donatien et Kalaba Mutabusha Gabriel, *"Introduction générale"*, in Dibwe dia Mwembu Donatien (Ed.), Les Identités urbaines en Afrique. Le cas de Lubumbashi (R-D Congo), Paris, L'Harmattan, 2008, p. 15.

2 L'identité n'est pas une science qui doit avoir une théorie appropriée. La question pouvant faire l'objet de débat en psychologie.

3 Marcel Gauchet, La Démocratie contre elle-même, Paris, Gallimard, 2002, p. 257.

4 Jean-Claude Kaufmann, *Op. Cit.*, pp. 53 – 80.

proportionnel au déclin de l'intégration communautaire"[1]. L'État présente une double face. La première est d'être un *capteur* du lien social - captation qui représente son acte de naissance – et *agent d'individualisation de la société* conduisant à la quête identitaire. La seconde face étatique est à la fois son prolongement et son contraire : une volonté politique d'organiser la société, de contraindre les identités, de fabriquer, concernant le statut des personnes, quelque chose pouvant ressembler à l'intégration communautaire d'antan, avec d'autres moyens[2].

En résumé, nous constatons que la théorie explicative de la question identitaire est située entre la psychologie et la science politique ; on retrouve les notions d'*habitus*, de *retournement historique* et de *marxisme*. Dans la science des relations internationales, le ***constructivisme*** peut expliquer cette question. Il avance deux hypothèses : *l'environnement dans lequel les acteurs opèrent est à la fois social "et "matériel ; ce cadre peut fournir aux acteurs l'intelligibilité de leurs intérêts* et *les États sont des "existants" culturels ayant la capacité et la volonté d'adopter des attitudes délibérées à l'égard du monde et de lui donner sens*. C'est une approche ***intersubjective***.

Sur le plan politique, il s'opère un *retournement politique* dans les Grands Lacs africains, car il y a une affiliation conduisant à la désaffiliation politique tant au niveau national, régional qu'international de tous les dirigeants. Au fait, les guerres des années 1990 ont eu pour stratégie la construction des alliances militaires entre les guérilleros. Cette phase était celle de l'affiliation politique. C'est à ce stade que les nouveaux maîtres de la région ont affiché remarquablement les identités différentes comme repères.

---

1 Jean-Claude Kaufmann, *Op. Cit.*, p. 60 et Castel Robert et Haroche Claudine, Propriété privée, propriété sociale, propriété de soi. Entretiens sur la construction de l'individu moderne, Paris, fayard, 2001 ; Castel Robert, Les Métamorphoses de la question sociale. Une chronique du salariat, Paris, Fayard, 1995.

2 Jean-Claude Kaufmann, *Op. Cit.*, p. 61.

Celles des années 2003 résultent de la *désaffiliation politique à cause de la désobéissance ou du jeu de double face* de certains acteurs[1].

3. Le prétexte identitaire dans la région des Grands Lacs

Dans la région africaine des Grands Lacs, la question identitaire a historiquement résulté de la désagrégation des communautés, libérant un individu contraint de s'autodéfinir[2]. Il s'agit de l'*habitus* de l'ego expliqué par deux théories différentes[3]. Cette révolution a été déclenchée avec la refondation idéologique, géopolitique et géostratégique des États après que le vent de la perestroïka a soufflé sur le continent.

---

1 Notamment Paul Kagamé et Yoweri Kaguta Museveni qui prétendent aider la R.D.C. pour restaurer la paix et la sécurité, mais nient avoir agressé cet État. De même, ils nient n'avoir jamais touché aux matières premières de l'agressé malgré le jugement de la Cour Internationale de Justice contre l'Ouganda. Du côté des mouvements politico-militaires, ils s'opposent à toute affirmation les accusant d'être à la solde des Etats agresseurs, donc des marionnettes, mais répondent aux appels aux négociations.

2 Jean-Claude Kaufmann, *Op. Cit.*, p. 58.

3 Jean-Claude Kaufmann, *Op. Cit.*, p. 59. L'auteur note que la théorie 1 représente un modèle d'interprétation très sophistiqué des communautés intégrées caractéristiques des sociétés premières (dans ses grandes lignes encore valables pour les sociétés traditionnelles). L'*habitus habitus* y est une "formule génératrice", structure structurée par le social, à son tour structurante de l'individu, dans un mouvement circulaire indéfini. Ce modèle parfait ne parvient jamais à s'appliquer totalement ; les sociétés étaient irrésistiblement en mouvement et poussaient à la reformulation des schèmes de pensée et de comportement, rendant sans cesse plus illusoire la circularité globale de l'*habitus*. Au contraire, le fractionnement social constituait des sous-univers toujours plus nombreux, structurant des *habitus* spécifiques (théorie 2).

➢ *Une modernisation politique ?* Le projet américain[1] post-guerre froide de la nouvelle génération de dirigeants africains a suffisamment servi d'opportunité aux quêteurs d'identités. Ainsi que l'écrit Amin Maalouf, "la modernisation a constamment impliqué l'abandon d'une partie de soi-même. Même quand elle suscitait parfois l'enthousiasme, elle ne se déroulait jamais sans une certaine amertume, sans un sentiment d'humiliation et de reniement. Sans une interrogation poignante sur les périls de l'assimilation. Sans une profonde crise d'identité"[2] au début et pendant les guerres de la rébellion du R.C.D., les dirigeants du mouvement ont déclaré défendre la minorité *rwandophone* de la R.D.C.[3]. La création des groupes ou cercles[4] de défense des minorités nationales conduit à nier la partie estimée majoritaire.

➢ *Le besoin d'intégration ou reconnaissance ?* les groupes dits minoritaires "demandent à ce que leurs différences culturelles soient reconnues, non pas au détriment de la liberté individuelle, mais plutôt comme un moyen et une condition de la liberté[5]". Cette stratégie s'apparente à la *conquête* et empêche toute intégration au reste de l'ensemble des groupes nationaux considérés comme majoritaires.

---

1 Sous l'administration William Bill Clinton.

2 Amin Maalouf, Les Identités meurtrières, Paris, Grasset, 1998, p. 84.

3 C'est dans ce sens que le 1er Vice-président de la R.D. Congo, sous la formule 1 + 4, Mr. Ruberwa Manywa Azarias, aurait initié un décret, du reste *anticonstitutionnel*, portant la création du *Territoire-Etat de Minembwe*, partie de la république occupée par les Rwandophones congolais. Ce décret est resté non signé par le président de la République, Mr. Kabila Kabange Joseph, jusqu'à ce jour.

4 Par exemple le Cercle de défense des Hutu congolais, le Groupe des femmes soutenant Paul Kagamé, etc.

5 Kymlicka Will, "*Le Droit des minorités et le multiculturalisme : l'évolution du débat anglo-américain*", in Will Kymlicka et Sylvie Mesure, Comprendre les identités culturelles, Paris, PUF, 2000, p. 144.

4. Identité et guerre d'intimidation : la stratégie de la guerre identitaire

4.1 La démarche des guerres identitaires

"Parallèlement à la montée du rôle de la culture et de l'industrie culturelle dans la formation des forces et de la puissance des nations, à l'occurrence celles de la révolution techno-scientifique, se développe une idéologie nouvelle dite du choc entre les cultures "[1] et les identités. Prenant le contre-pied des théories marxistes et libérales classiques qui insistaient soit sur les facteurs économiques soit sur les facteurs politiques, celle-ci affirme que la différence culturelle est, par elle-même, source de tension et de contradiction. Elle est productrice des conflits qui ne peuvent se résoudre que par l'effacement de l'une ou de l'autre culture[2] et identité.

Les conflits se déroulent autour des enjeux politiques que l'on peut définir et déterminer d'une manière claire et objective et des enjeux symboliques qui ne peuvent ni changer ni faire l'objet d'aucun compromis. La guerre des cultures et identités est une guerre sans issue, sinon la dépersonnalisation de l'autre, c'est-à-dire son élimination pure et simple comme identité culturelle, et par conséquent entité politique correspondante. La guerre de cultures et identités conduit ainsi directement à la purification ethnique, ou plutôt, elle vient la justifier, lui donner sens et raison[3].

Dans la région des Grands Lacs, les guerres identitaires, conflits culturels et ethniques ont remplacé la guerre froide et ses corollaires. Ces guerres se vivent entre les États

---

1 Burhan Ghalioun, *"Globalisation, déculturation et crise d'identité"*, in Afers Internacionals, n°s 43 - 44, Fundació CIDOB, 1999, p. 268.

2 *Ibidem.*

3 Burhan Ghalioun, *Art. Cit.*, pp. 268 – 269 n'est pas tellement de cet avis. En insérant l'identité dans sa pensée, les variables changent ; la culture étant un déterminant de l'identité.

appartenant à la même idéologie. Ces conflits n'ont cure des valeurs de la démocratie, de droits de l'homme, de la civilisation ; ils sont retardataires, obscurantistes, violents, intégristes, xénophobes, vindicatifs, négatifs dans toutes leurs actions et revendications[1].

Les États en paix précaire constituent des îlots de paix et de liberté, développés, se sentant forcement menacés. Ils ont le devoir de se prévenir contre la montée du péril dans les zones marginalisées et révoltées. Progressivement mais sûrement se met en place une nouvelle doctrine stratégique succédant à celle de la dissuasion, la doctrine de la guerre préventive, ou l'anticipation des périls par des interventions militaires, politiques, économiques et médiatiques dites interventions rapides ou également chirurgicales. C'est une guerre qui doit être menée tous azimuts et par tous les moyens contre les religions, les nations, les États et les groupes qu'on soupçonne d'irrédentisme, et qui rejettent d'une manière trop voyante l'ordre établi[2]. C'est ce rôle que tentent de jouer le Rwanda et l'Ouganda dans l'organisation des rounds de négociations avec les mouvements rebelles de la R.D.C. pour faire respecter l'ordre régional.

4.2. Quête d'identité hégémonique et conflits locaux-régionalisés

L'éclatement des nationalismes étatiques ayant cédé au *néosionisme régional*[3] fait apparaître la stigmatisation et l'ostracisme ; "opérant d'abord et avant tout par les médias ou le complexe médias-diplomatie. L'objectif de la guerre médiatique est la diabolisation de l'adversaire, qu'il soit une nation, une religion, un groupement politique ou idéologique, afin de justifier sa destruction totale, comme

---

1 Burhan Ghalioun, *Art. Cit.*, p. 269.

2 *Ibidem*. La guerre préventive est *une agression* du fait d'être menée sans respect des prescrits du droit international public.

3 Nous renvoyons ici à la judaïsation des Tutsi

l'ont bien illustré"[1] le génocide rwandais, les désordres politiques au Burundi, les rébellions congolaises camouflant les agressions venant des États voisins et plus loin les deux guerres du Golfe.

Le *néosionisme des Tutsi*, pratiqué par la nouvelle de conquête - l'*agrerébellion*[2] - part d'une déformation de la réalité identitaire nationale et/ou régionale. D'où l'usage, dans les médias, diplomaties et politiques internationales de l'expression *minorité rwandophone congolaise* ou encore les *marginalisés*. L'intériorisation de ces expressions dans les opinions nationales et internationales culmine à la construction de l'*hégémonie identitaire*. Se nourrissant de la déstabilisation politico-sécuritaire nationale et régionale, l'hégémonie identitaire crée et recycle les différents conflits dans les États ; voire les exporte au-delà des frontières. Ainsi apparaissent les conflits *locaux-régionalisés* dont les conséquences sur la gouvernance étatique et régionale ne sont pas négligeables.

À en croire la cyclicité de l'instabilité régionale, le génocide rwandais – conflit local dit rwando-rwandais - s'est régionalisé vers le Burundi, l'Ouganda et la R.D.C. Il naît du *prisme identitaire intra-Rwanda* et contamine les États voisins. Ainsi que l'affirme B. Ghalioun : "Et, au cœur de cette action se trouve la reconstruction de l'image de l'autre, sa déformation et la diffamation. Par la diabolisation de l'autre, les protagonistes visent à la fois la déstabilisation du présumé ennemi, l'anéantissement de sa volonté de combattre et la légitimation de sa destruction"[3]. La légitimation de la destruction, voire la disparition de l'ennemi expliquera la conséquence des perspectives diplomatiques dans la quête de la stabilité régionale. Nous y reviendrons au dernier point.

---

[1] Burhan Ghalioun, *Art. Cit.*, p. 269.
[2] Attendons l'agression-rébellion.
[3] Burhan Ghalioun, *Art. Cit.*, p. 269.

Le "déferlement de violence n'est pas un épiphénomène surgi de nulle part. C'est au contraire un épisode supplémentaire et paroxystique, mais vraisemblablement pas ultime, d'une dynamique meurtrière qui dévaste depuis les années 50 à intervalles réguliers le Rwanda et le Burundi et dont les effets touchent désormais le Kivu"[1]. Jean-François Hugo pense que "le génocide rwandais, principal facteur déclenchant"[2] de la guerre du Congo est l'œuvre des extrémistes rwandais du *Hutu Power*, responsables de la planification et de la conduite des massacres au Zaïre après avoir pris le contrôle des camps des réfugiés. Le génocide est le point culminant des rivalités ethniques au Rwanda dont les effets sécuritaires sont *certainement* régionaux[3]. Depuis 1960, la R.D.C. n'a pas connu un conflit ethnique d'ampleur génocidaire, sauf les mutineries et guerres sécessionnistes[4].

5. L'intrusion du paramètre droit de l'homme

Depuis la publication du rapport (2010) du haut-commissariat des Nations unies aux droits de l'homme sur la situation des Droits de l'Homme en République démocratique du Congo, les États impliqués dans la crise sont indexés. Cette question des droits de l'homme systématiquement violés se pose dans la mesure où elle faciliterait le jeu de la reconfiguration géopolitique régionale. La région des Grands Lacs africains est peinte comme centre africain de violations des droits humains dans

---

1 Jean-Marc Balencie et Arnaud de La Grange (Sous la dir. de), Mondes rebelles. Guérillas, milices, groupes terroristes, Paris, Ed. Michalon, 2001, p. 753.

2 Jean-François Hugo, La République démocratique du Congo : une guerre inconnue, Paris, Michalon, 2006, pp. 15 et 18.

3 Dans cette analyse, nous le saisissons en amont tandis que d'autres analystes le comprennent en aval. Il a permis au régime rwandais d'accomplir ses ambitions économiques et militaires au Congo-Kinshasa et dans les Grands Lacs.

4 Sécessions Katangaise et du Sud-Kasaï.

les guerres à multiples facettes. L'on y dénombre viols, violences sexuelles masculines et féminines, vols, violences physiques et actes traumatiques, etc.

5.1. Les cinq odieux crimes régionaux

• *Le génocide congolais accompli dans la période d'octobre 1996 à 2013.* Ce crime fait dénombrer plus de 5 millions de morts *non reconnus et déshonorés à souhait par la Communauté internationale* grâce à la pression américaine sur les Nations unies.

• *Le double génocide rwandais* dont le premier se déroule en 1994 à Kigali - des Hutu contre les Tutsi - et le second en R.D.C. en 1996-1997, sous la main vindicative des Tutsi contre les Hutu. Sous prétexte de disputer le contrôle des mines de diamant qui parsèment la province orientale, Rwandais et Ougandais se sont affrontés à Kisangani à l'été 1999 puis de mai à juin 2000[1]. Le bilan des morts dans les deux camps reste tabou et la raison d'être de cette guerre de Kisangani est d'exterminer les Hutus ayant commis le génocide rwandais[2] dans le cadre d'un accord signé (2002)

---

[1] Jean-François Hugo, La République démocratique du Congo : une guerre inconnue, Paris, Michalon, 2006, p 38.

[2] Le moteur de recherche google écrit ce qui : *"Laurent-Désiré Kabila could not continue to support the use of Kisangani as the base for foreign fighters as they launched attacks to massacre the Hutu people - hence he demanded that Rwanda pull its forces out of the country".* Nous pouvons traduire en ces termes : " Laurent-Désiré ne pouvait plus continuer à soutenir l'utilisation de Kisangani comme base des combattants étrangers comme ils ont lancé des attaques au massacre du peuple hutu - d'où il a exigé du Rwanda le retrait de ses forces du pays", lire sur *Internet,* http://www.google.fr/#output=search&sclient=psy-ab&q=les+massacres+de+Kisangani&oq=les+massacres+de+Kisangani&gs_l=hp.3...97175.103992.1.104858.26.18.0.0.0.0.1614.1614.8-1.1.0...0.0... 1c.1.14.hp.yM-GLznutio&bav=on.2,or.r_qf.&bvm=bv.47008514,d.bGE&fp=f950372caa243969&biw=1366&bih=587; samedi, 17 août 2002 à 17 heures 34 minutes, le journal Le Soft publie la dépêche et le

par les présidents congolais Joseph Kabila et rwandais Paul Kagamé afin de désarmer les ex-FAR et Interhamwe. Il s'est posé la question des éclaircissements sur la ***guerre de rectification*** que le RCD-Goma est accusé d'avoir menée à Kisangani en 2002. Le groupe Lotus publie un rapport le 25 juillet 2002. "Par ailleurs, dans une mise au point adressée le 12 août au correspondant de l'AFP à Kigali, dont une dépêche rapportait le 11 août des déclarations du RCD-Goma relatives à la plainte déposée par le RCD-Congo en Belgique, le RCD-Congo déclare ce qui suit :

a. «L'action judiciaire engagée par les responsables du RCD-Congo contre certains dirigeants du RCD-Goma demeure une action citoyenne venant de patriotes congolais, épris de paix et de justice, et qui souhaitent voir le Congo débarrassé du lot d'assassins et de criminels dont regorge son territoire.»

b. «Il n'y a pas lieu de politiser cette action qui est une action salvatrice soutenue massivement par les Congolais et les Congolaises et pas seulement ceux de la ville martyre de Kisangani.»

c. «C'est une action qui ne va en aucune manière à l'encontre du processus de paix - bien au contraire, elle est un gage de moralisation de la vie publique nationale et permet l'éclosion d'un véritable nouvel ordre politique congolais.»

d. «Quant à la manière dont l'action du RCD-Congo est menée devant les cours et tribunaux, cela fait l'objet de la

---

rapport de Human Right Watch, dans un titre *"Human Rights Watch qui publie les noms des commandants tueurs de Kisangani et demande leur mise aux arrêts"*, cf. Internet, http://www.lesoftonline.net/articles/human-rights-watch-publie-les-noms-des-commandants-tueurs-de-kisangani-et-demande-leur-mise aux arrêts, consulté le 27 mai 2013 à 11 heures 35 minutes.

discrétion et de la sérénité des cabinets d'avocats et ne peut faire l'objet de commentaires par voie de médias.»"[1]

• *Les crimes économiques* consistant en un pillage systématique des richesses congolaises, rwandaises et ougandaises par les dirigeants et leurs alliés.

• *Les crimes de droit commun* (embrigadements des enfants dans les rébellions et armées régulières, les trafics sexuels, etc.)

• *La liquéfaction de l'État*, principalement en R.D.C. et Ouganda à cause de l'impossible gouvernabilité résultant des conflits cycliques locaux-régionalisés. Cette déstructuration des États-nations a des conséquences sur la région des Grands Lacs africains.

5.2. Au nom de la quête identitaire, du communautarisme et de la schizophrénie

Les quêteurs d'identité ont réussi à figer "l'identité des groupes humains sur la base de critères ethniques ou religieux et imposer à tous les membres de ces groupes de se soumettre aux normes supposées propres auxdits groupes, sans aucun égard pour la liberté individuelle, les droits de l'homme et les valeurs universelles. Le communautarisme conduirait ainsi à transformer chaque espace politique en une juxtaposition de communautés concurrentes"[2]. Il y a donc crise fondamentale d'identité culminant en une *schizophrénie*[3].

---

[1] "*Massacres de Kisangani : l'accablant rapport du Groupe Lotus au grand complet*", mardi 13 août 2002 – 10 heures 15 minutes, que l'on peut trouver sur *Internet*,
http://www.lesoftonline.net/articles/massacres-de-kisangani-l%E2%80%99accablant-rapport-du-groupe-lotus-au-grand-complet, consulté le 27 mai 2013 à 11 heures 20 minutes.

[2] Nichifutsu Bunka, *Art. Cit.*, s.p.

[3] Daryus Shayegan, Le Regard mutilé, schizophrénie culturelle : pays traditionnels face à la modernité, Paris, Albin Michel, 1988.

6. Prisme identitaire et échec des perspectives diplomatiques de pacification régionale.

Au troisième point, l'on a soulevé la problématique de la légitimation de la destruction, voire la disparition de l'ennemi qui explique la conséquence des perspectives diplomatiques dans la quête de la stabilité régionale. Depuis le début des conflits régionaux dans les Grands Lacs africains, la présentation prismatique identitaire dans les négociations nationales, régionales et internationales a fait que presque tous les acteurs sont réellement atteints d'une psychose chronique caractérisée par une perte de contact avec la réalité et une dissociation de la personnalité, soit de la schizophrénie.

6.1. Rappel et fixation du prisme identitaire

L'identité est de nature ***subjective***. Il en est de même du prisme qu'elle présente. Elle est construite sans ignorer le donné, l'objectif, le naturel, qui constituent une assignation inéluctable. Mais au-delà de cet énoncé succinct, la confusion s'installe[1]. Cette confusion conduit à la construction d'une identité contre-nature comme c'en est le cas dans la région africaine des Grands Lacs. La subjectivité ne peut pas se former quelle que soit l'autonomie des entités.

La cyclicité des conflits *locaux-régionalisés* découle de la résistance des entités étatiques, surtout en République démocratique du Congo, des pesanteurs politiques, sociales et culturelles exercées.

6.2. L'inventaire des conflits identitaires locaux-régionalisés pendants

Fondamentalement, les trois conflits, notamment rwandais, burundais et congolais demeurent non résolus à cause de la question identitaire. En effet, le point de vue du

---

[1] Jean-Claude Kaufmann, L'Invention de soi. *Op. Cit.*, p. 89.

gouvernement rwandais *soutient que la paix en R.D.C. passe d'abord par la reconnaissance des droits des minorités rwandophones (banyamulenge)*[1] ; *ensuite par la réorganisation politique interne et enfin par la bonne gouvernance.* Cette perception de la question des *minorités* est prismatique pour l'ensemble de la région. Dans le cas de la République démocratique du Congo, pays composé de plus de 400 tribus, donc 400 peuples, comment les États voisins et toute la communauté internationale vont-ils l'aider à résoudre la question des peuples moins nombreux que d'autres ? Faudra-t-il alors qualifier un peuple (tribu) comme minorité du fait de parler une langue majoritaire d'un pays voisin ? Dans le but de se *minoriser*, est-il *donc* admis que l'on s'appuie sur l'extérieur et/ou les armes d'autrui en faisant une guerre d'autolibération ? Faudra-t-il attendre la fin d'un génocide entrainant un déplacement massif et incontrôlé des populations vers un État voisin pour poser le problème des minorités ? Si c'est admissible dans le cas de la crise congolaise, l'obligation est imposée aux analystes des crises de la région des Grands Lacs de revoir leurs conclusions sur les conflits rwandais et burundais. Il y a également nécessité de reconsidérer la définition du concept minorité. L'absence d'une critique contrebalançant les bases théoriques de la *fameuse question des minorités* a facilité une invention ahurissante.

L'implication des autorités ougandais dans la guerre en Ituri en 2000 – 2002 avait pour raison officieuse la préten-

---

[1] Jean-Claude Willame, *Les "Faiseurs de paix" au Congo. Gestion d'une crise internationale dans un État sous tutelle,* Bruxelles, Ed. GRIP – Complexe, 2007, p. 42 écrit ce qui suit :"*Quant au représentant britannique, il demanda au président rwandais, comme le ferait Kofi Annan, s'il était prêt à retirer ses troupes de Pweto au Katanga, c'est-à-dire très loin de ses frontières. Il mis implicitement en question "le problème des Interhamwe" en demandant au président Kagame leur nombre et leur éventuelle intégration dans les "structures rwandaises".*

tion à "maintenir, à la demande de l'ONU, l'ordre public dans une région troublée par des conflits ethniques (qu'elles manipulaient elles-mêmes) : elles s'appuyaient ainsi sur un rapport de septembre 2002 de Kofi Annan qui appelait l'armée ougandaise "à exercer ses responsabilités en matière de sécurité de façon impartiale"[1], dont le concerné n'a pas fait preuve.

6.3. De l'échec des perspectives diplomatiques de pacification régionale

6.3.1. *Au niveau des dialogues nationaux*

Les génocides rwandais ont pour objectif terminal *la réintégration globale des Tutsi dans la gestion de la chose publique en affirmant sa suprématie sur les Hutus.* À l'opposé, les rébellions hutu des Forces démocratiques pour la libération du Rwanda (F.D.L.R.) et Interahamwe jurent par le renversement vindicatif des Tutsi au pouvoir depuis 1994 et la reprise en main. Cette crise d'identité culturelle scinde les armées (rwandaise, ougandaise et congolaise) d'après les ethnies ou clans. Les postes de responsabilité et la Garde républicaine sont l'apanage de membres de famille des chefs d'État ou de personnalités partageant des relations privées. Elle mine et achoppe toute négociation rwando-rwandaise pour la refondation de l'État.

Dans le cas de la R.D.C., à l'origine de la guerre des Banyamulenge se trouve la revendication identitaire, c'est-à-dire récupérer la nationalité congolaise qui leur avait été retirée par le gouvernement Kengo wa Dongo en 1995 et s'organiser pour ratisser les dangereux Hutu se cachant sur le territoire congolais. Dès lors, les dialogues intercongolais n'ont aucun avenir prometteur s'ils n'envisagent pas la satisfaction des intérêts de soi-disant minorités rwando-

---

[1] Jean-Claude Willame, *Les "Faiseurs de paix" au Congo. Gestion d'une crise internationale dans un État sous tutelle*, Bruxelles, Ed. GRIP – Complexe, 2007, p. 88.

phones. Dès le début des hostilités, les médiateurs extérieurs au conflit se multiplient sans résultat probant : la Southern African Development Community (SADC), les Nations unies, l'Organisation de l'unité africaine (OUA), la Libye, l'Organisation internationale de la francophonie (OIF) et la communauté de Sant' Egidio échouent devant le refus manifeste des protagonistes de réellement négocier[1].

Quant à l'Ouganda, la L.R.A. prend ses origines dans l'identité culturelle et religieuse ; elle est mystique. Elle tient à réduire la domination de Yoweri Kaguta Museveni, lequel s'appuie sur sa puissance identitaire consolidée dans l'armée pour garder la main politique. Depuis, la L.R.A. s'abstient de négocier avec la dictature de Museveni et tous les régimes lui paraissant inféodés, pénétrés ou alliés[2]. Le Burundi offre les mêmes scénarii que le Rwanda avec la querelle ethnique entre Hutu, Tutsi et Twa.

6.3.2. Sur le plan des pourparlers régionaux et internationaux

Le piétinement des mécanismes et l'échec des perspectives diplomatiques de quête de la paix interne aux Grands Lacs ont pour racine principale la question identitaire, les revendications nationalistes minoritaires, voire les autonomismes et autodéterminismes régionalistes. Considérant le génocide rwandais comme le point de départ du désordre régional, sa fin imminente intervient avec l'imposition de l'ethnie tutsi au pouvoir, représentée par M. Paul Kagamé. Sa contre-balance est l'ascension du Hutu Pierre Nkurunziza à la présidence burundaise. L'implication de l'Ouganda dans les dialogues est couronnée par la médaille d'honneur de grand dignitaire que Paul Kagamé attribue à Yoweri Museveni.

---

1 Jean-François Hugo, *Op. Cit.*, p. 39.

2 Notamment les régimes rwandais, burundais, congolais, tanzanien, américain, anglais

Cinq tendances permettent d'expliquer les échecs diplomatiques dans les conflits locaux-régionalisés en Afrique des Grands Lacs.

a. La première tendance touche au rapport de l'identité à l'économie. Elle nous annonce la nature de la nouvelle construction des classes sociales sur base de la conservation du prisme identitaire afin de dominer la phase prochaine du développement du capitalisme et du consumérisme national ou régional.

b. La deuxième concerne le nouveau rapport qui semble s'établir entre identité et géopolitique. Nous avons démontré la guerre des identités, donc des cultures, comme facteur déterminant des relations internationales dans la région des Grands Lacs. Dès lors, la *(géopolitique ?) des identités, cultures et ethnies* facilite la compréhension des tactiques.

✓ *L'Ouganda a pénétré le Rwanda afin d'installer le régime Kagamé. Il continue à pénétrer la R.D.C. pour contribuer à la construction de l'hégémonie tutsi.*

✓ *Le Rwanda pénètre économiquement, politiquement et militairement la R.D. Congo. La question de la nationalité est soulevée dans la gestion de l'État à plusieurs échelons. Ainsi, lorsque le président Kagamé refuse de négocier ou dialoguer en Ouganda sur la question congolaise, il bloque l'avancée des mécanismes internationaux, car le préalable "autonomisation des Rwandophones congolais" n'est pas à l'ordre du jour.*

✓ *La récupération ougandaise est l'organisation des négociations par le président Museveni lui permettent de se tailler une identité supérieure ; et espérer payer la dette que son pays a vis-à-vis de la R.D.C., soit 10 milliards de dollars américains.*

1. La troisième tendance tient au rapport de l'identité au politique. L'émergence d'un prisme identitaire transgresse les frontières nationales, va à l'encontre de l'affirmation de l'Etat-Nation et réduit sensiblement le contrôle de cet État sur les capacités gouvernantes.

2. La quatrième tendance a trait au rapport entre les identités elles-mêmes. Non seulement la coupure classique entre identités "dominantes et dominées, productrices de sens et frustrantes, agressives et stériles, créatives et passives semble se maintenir, mais elle sera doublée de nouveaux phénomènes de destruction et de sclérose plus étendus des cultures marginalisées"[1].

3. La cinquième tendance concerne le rapport de l'identité à la société (région des Grands Lacs africains). "L'intégration progressive d'une large frange des élites régionales à une même identité globale, dominée par les problématiques et les valeurs identitaires les plus avancées, entraîne la dislocation de beaucoup de cultures nationales laissant des secteurs entiers des sociétés humaines dans un vide de sens total. Elle crée les conditions d'une déculturation élargie, avec pour conséquence l'émergence d'une certaine forme de barbarie au sein même des grands centres de la civilisation"[2].

7. Perspectives

Une question touchant à la subjectivité ne peut être résolue subjectivement. Cette étude ne peut pas prétendre y mettre fin mais pister les perspectives d'avenir.

- Il faut commencer par restituer la vérité à la réalité, c'est-à-dire ne pas tenter de falsifier l'histoire de la région. La réécriture d'une histoire précoloniale, coloniale et postcoloniale datant de plus de cent ans ne peut qu'être tâche impossible. C'est la première solution.
- En second lieu, l'on doit éviter de tomber dans l'application de la théorie du chaos. Sa régionalisation risque de conduire à l'embrasement et la disparition des États de la région. Pour ce faire, les États doivent admettre que

---

1 Burhan Ghalioun, *Art. Cit.*, p. 265.

2 *Idem. L'auteur insiste sur les élites mondiales et la culture globale. Nous ramenons la question au niveau de la région et de l'identité.*

l'identité est un prétexte, un préjugé. La problématique des minorités est un fantasme.

• La troisième piste renvoie à l'interpellation de la République démocratique du Congo dans sa responsabilité de faire respecter son intégrité territoriale. Les États voisins devront noter que les conflits financés jouent le rôle d'éveil de conscience nationale. Cette dernière attise les sentiments vindicatifs qui risquent de pérenniser les conflits locaux-régionalisés.

• La quatrième tendance postule que la classe politique congolaise devra rejeter la question d'identité et poser la problématique du génocide congolais. En outre, elle devra poser des bases politiques d'un État responsable et solide dans le long terme. Ce qui lui permettra de jouer son *indéniable rôle de pôle fédérateur.*

• Cinquièmement, s'il est admis que les conflits ont été pensés et exécutés par les grandes puissances, il convient de s'accorder que leur résolution leur incombe. De ce fait, pour les contraindre, il faudrait tenter d'ester en juste contre les réalisateurs. Dans ce cas, si les dirigeants politiques s'abstiennent afin de se pérenniser au pouvoir, c'est ici que la société civile doit jouer son rôle de défenseur des intérêts des peuples. Il existe en ce jour la Cour pénale internationale capable de se saisir des affaires criminelles et de juger les auteurs et coauteurs.

Conclusion

Dans la conclusion de son ouvrage, Jean-Claude Kaufmann affirmait que "s'inventer soi-même ne s'invente pas ; les mécanismes de la création identitaire n'ont rien d'aléatoire"[1]. Mwabila Malela Clément renchérit en ces termes : "La référence aux particularismes comme cadre exclusif des revendications politiques, ou autres, au détriment de celle à la nation, présente un rétrécissement

---

[1] Jean-Claude Kaufmann, *Op. Cit.*, p. 291.

identitaire qui constitue un dangereux recul. Pas étonnant d'assister au surgissement des conflits à partir de cette base"[1].

L'histoire des États de la région des Grands Lacs révèle certains conflits ethniques meurtriers, donc identitaires[2]. Certes, quelle que soit l'ampleur de ces conflits au départ, les conséquences ont été contenues afin de ne pas les voir se régionaliser. Ceci serait peut-être la contribution de la bipolarité au maintien de la stabilité du système international. Mais dans la période postbipolaire, les crises et conflits identitaires se régionalisent et s'internationalisent promptement par le fait de l'implication des agents externes ou de l'extranéité des causes.

Dans cette analyse, il a été mis en exergue les conflits rwandais, burundais et congolais[3] comme résultat de la régionalisation des crises identitaires internes. Le traitement différencié de ces conflits a donné plus d'importance au génocide rwandais de 1994 ; lequel apparaît comme facteur déclenchant de la guerre et l'insécurité interne des Grands Lacs. En explorant les mécanismes de prévention et résolution de pareilles crises internationales, l'on constate que l'identité est un présupposé, car dans le long terme elle finit par échouer autant qu'elle fait achopper, au départ, les efforts de résolution des conflits qu'elle engendre.

---

1 Mwabila Malela Clément, *Op. Cit.*, p. 132.

2 Conflit Luba – Lulua dans les deux Kasaï (R.D.C.) en 1959 – 1961, conflit Katangais - Kasaïens (conduisant à l'expulsion des Kasaïens du Katanga) en 1960 – 1961 et 1991 – 1992, le conflit entre Hutu et Tutsi au Burundi et au Rwanda depuis les années 1950.

3 *Il est important de lire toutes les causes du conflit interne ougandais afin de comprendre si les revendications de la L.R.A. n'ont pas également une connotation identitaire. Cette idée-proposition peut aider à comprendre la chasse du régime Museveni contre ces seigneurs de guerre retranchés en R.D.C.*

Bibliographie du Chapitre I

Amin Maalouf, Les Identités meurtrières, Paris, Grasset, 1998.

Ajoutons-y Assemblée générale-Conseil des droits de l'homme, *rapport du haut-commissaire des Nations unies sur la situation des droits de l'homme et les activités du haut-commissariat en République démocratique du Congo* A/HRC/13/64, New York, Nations unies, Treizième session, 28 janvier 2010.

Assemblée générale - Conseil des droits de l'homme, *Assistance technique et renforcement des capacités. Rapport de l'expert indépendant sur la situation des droits de l'homme en République démocratique du Congo* A/HRC/7/25, Titinga Frédéric, Pacéré, New York, Nations unies, septième session du 29 février 2008.

Assemblée générale - Conseil des droits de l'homme, *rapport annuel du haut-commissaire des Nations unies aux droits de l'homme et rapport du haut-commissariat des Nations unies aux droits de l'homme et du Secrétariat général : rapport du haut-commissaire des Nations unies sur la situation des droits de l'homme et les activités du haut-commissariat en République démocratique du Congo*, A/HRC/10/58, New York, Nations unies, Dixième session du 2 avril 2009.

Assemblée générale - Conseil des droits de l'homme, *rapport du haut-commissaire des Nations unies sur la situation des droits de l'homme et les activités du haut-commissariat en République démocratique du Congo*, A/HRC/13/64, New York, Nations unies, Treizième session du 28 janvier 2010.

Assemblée générale - Conseil des droits de l'homme, *troisième rapport conjoint des sept experts des Nations unies sur la situation en République démocratique du Congo* A/HRC/16/68, New York Nations unies, seizième session du 9 mars 2011.

Assemblée générale-Conseil des droits de l'homme, *rapport de l'experte indépendante sur les questions relatives aux minorités, Gay McDougall*, A/HRC/19/56/Add.1, dix-neuvième session 28 novembre 2011.

Bertrand Badie et Sandrine Tolotti, L'État du monde 2008. Annuaire économique géopolitique mondial, Paris, La Découverte, 2007.

Burhan Ghalioun, *"Globalisation, déculturation et crise d'identité"*, in Afers Internacionals, n°s 43 - 44, Fundació CIDOB, 1999.

Castel Robert et Haroche Claudine, Propriété privée, propriété sociale, propriété de soi. Entretiens sur la construction de l'individu moderne, Paris, Fayard, 2001.

Castel Robert, Les Métamorphoses de la question sociale. Une chronique du salariat, Paris, Fayard, 1995.

Conseil des droits de l'homme, *deuxième rapport conjoint de sept experts des Nations unies sur la situation en République démocratique du Congo,* Treizième session, New York, Nations unies, 8 mars 2010, 26 pp.

Daryus Shayegan, Le Regard mutilé, schizophrénie culturelle : pays traditionnels face à la modernité, Paris, Albin Michel, 1988.

David Hume, Traité de la nature humaine, Paris, Aubier-Montaigne, 1968.

Dibwe dia Mwembu Donatien (Ed.), Les Identités urbaines en Afrique. Le cas de Lubumbashi (R-D Congo), Paris, L'Harmattan, 2008.

Jean-Claude Kaufmann, L'Invention de soi. Une théorie de l'identité, Paris, Ed. Pluriel, 2004.

Jean-Claude Willame, Les "Faiseurs de paix" au Congo. Gestion d'une crise internationale dans un État sous tutelle, Bruxelles, Ed. GRIP – Complexe, 2007.

Jean-François Hugo, La République démocratique du Congo : une guerre inconnue, Paris, Michalon, 2006.

Jean-Marc Balencie et Arnaud de La Grange (Sous la dir. de), Mondes rebelles. Guérillas, milices, groupes terroristes, Paris, Ed. Michalon, 2001.

"Human Rights Watch publie les noms des commandants tueurs de Kisangani et demande leur mise aux arrêts", samedi, 17 août 2002 à 17 heures 34 minutes, cf. Internet,

http://www.lesoftonline.net/articles/human-rights-watch-publie-les-noms-des-commandants-tueurs-de-kisangani-et-demande-leur-mise aux arrêts, consulté le 27 mai 2013 à 11 heures 35 minutes.

"*Kisangani*", cf. *Internet*, http://www.google.fr/#output=search&sclient=psyab&q=les+massacres+de+Kisangani&oq=les+massacres+de+Kisangani&gs_l=hp.3...97 175.103992.1.104858.26.18.0.0.0.0.1614.1614.8-1.1.0...0.0... 1c.1.14.hp.yM-GLznutio&bav=on.2,or.r_qf.&bvm=bv.47008514,d.bGE&fp=f950372caa243969&biw=1366&bih=587.

Marcel Gauchet, La Démocratie contre elle-même, Paris, Gallimard, 2002.

"*Massacres de Kisangani : l'accablant rapport du groupe Lotus au grand complet*", mardi, 13 août 2002 - 10:15, trouvable sur Internet, http://www.lesoftonline.net/articles/massacres-de-kisangani-l%E2%80%99accablant-rapport-du-groupe-lotus-au-grand-complet, consulté le 27 mai 2013 à 11 heures 20 minutes.

Mwabila Malela Clément, Devoir de mémoire et conscience critique en RDC, Kinshasa, Editions universitaires africaines, s.d.

Nichifutsu Bunka, "*Identité et globalisation*", Conférence prononcée à l'université du Tohoku à Sendai (Japon) le 10 février 2004, in *Revue de collaboration culturelle de la Maison franco-japonaise de Tokyo*, numéro d'automne 2004, trouvable sur *Internet*, http://www.breizh.net/identity/galleg/identite_globalisation.htm, consulté le 5 avril 2013 à 18 heures 40.

Paul Ricœur, Soi-même comme un autre, Paris, Seuil, coll. "Points", 1990.

Rohan Gunaratna, Al-Qaïda au cœur du premier réseau terroriste mondial, Paris, Ed. Autrement, 2002.

U.S. Department of State, "*2010 Human Rights Report : Rwanda*", by Internet,

http://www.state.gov/documents/organization/160139.pdf, 41 pp, consulté le 27 mai 2013 à 10 heures 51 minutes.

U.S. Department of State, "*2010 Human Rights Report : Burundi*", by Internet, http://www.state.gov/documents/organization/160139.pdf, 44 pp, consulté le 27 mai 2013 à 10 heures 51 minutes.

U.S. Department of State, *"2010 Human Rights Report: Uganda"*, by. Internet, http://www.state.gov/ documents/ organiz-ation/ 160149.pdf, 53 pp. consulté le 27 mai 2013 à 10 heures 30 minutes.

Will Kymlicka et Sylvie Mesure, Comprendre les identités culturelles, Paris, PUF, 2000.

CHAPITRE II

La Mission de l'Organisation des Nations unies pour la Stabilisation en République démocratique du Congo et les études des relations internationales. Contribution au débat sur l'employabilité[1]

Introduction

Lorsque l'aventure coloniale commence pour la République démocratique du Congo, c'est un *État indépendant du Congo*, sans souveraineté, qui apparait sous le contrôle personnel du roi Léopold II. Dès lors, les jalons de la privatisation et la personnification de la *res publica* étaient posés. Les ressources naturelles du sol et du sous-sol et autres formes des ressources attireront à la propriété privée de Léopold II la convoitise de toutes les puissances colonisatrices d'antan, notamment la France, le Portugal, l'Espagne et l'Angleterre.

Craignant de perdre le contrôle sur cet eldorado, le roi des Belges cédera enfin son État indépendant du Congo à son royaume de Belgique. Ainsi commence la colonisation sous sa seconde phase, guettée toujours par la convoitise des

1 Mots : Employabilité, paix, stabilité, reconnaissance de l'État congolais.

États européens se disputant ou cherchant comment savourer les richesses congolaises. La France n'a-t-elle pas prévalu maintes fois son droit de prééminence ?[1] Le sens de ce droit de prééminence est le contrôle monopolistique de la colonie par la France. La privatisation impliquait la métropolisation de tout ***terra nullius.***

La dispute de la gestion du Congo par une seule puissance colonisatrice augurait déjà, dans les années 1800, la quête de la stabilité coloniale. La Conférence géographique de Bruxelles crée, en septembre 1876, l'Association internationale africaine (A.I.A)[2] afin d'explorer la *terre incognita* (terre inconnue), immense étendue blanche comprise au centre de l'Afrique. Le comble de malheur s'abat lorsque la Conférence de Berlin (15 novembre 1884 au 26 février 1885) aboutit à un partage quasi arbitraire de l'Afrique en vue de contenter les puissances européennes réunies au sein de l'A.I.A. Et l'instabilité atteint son paroxysme avec la découverte de l'uranium en 1945 ; uranium ayant permis aux États-Unis d'Amérique de mettre fin *brutalement* à la Seconde Guerre mondiale.

Si la première vague d'instabilité que connaîtra particulièrement le Congo a eu lieu pendant la colonisation, la seconde interviendra et commencera à partir de l'indépendance, suite à la guerre froide. La troisième, la plus récente, naît après la bipolarité. La quête de la stabilité de la première génération s'est faite sous l'égide de la Société des Nations jusqu'à l'éclatement de la Seconde Guerre mondiale. Dès 1945, l'Organisation des Nations unies se présentait comme cadre par excellence où la stabilité mondiale pouvait

---

1 *Indiquons que cette prééminence lui fut reconnue, lors de la Conférence de Berlin, si la Belgique manquait de moyens pour mettre en valeur la colonie.*

2 Six ans plus tard, 1882, le Roi Léopold II transforme l'A.I.A. en Association Internationale du Congo (A.I.C.). En 1881, Léopold II avait chargé Stanley d'explorer le Congo pour le compte de l'A.I.A.

être garantie à tout acteur. C'est en vertu de cette ambition que la charte de San Francisco stipule que tout acte d'agression porté contre un membre de l'Organisation est censé être porté contre tous les autres.

Paradoxalement, c'est au sein de l'ONU que les instabilités de la seconde et la troisième génération (vague) se sont perpétrées. Dans celles-ci, l'on déplore la complicité et la complaisance des puissances occidentales, pourtant fondatrices ou cofondatrices de l'organisation. Aussi, rappelons-le, la stabilité de la République démocratique du Congo n'est pas une question discutée à la congolaise. Elle est plutôt débattue dans les salles climatisées ou les vérandas occidentales[1]. Comment comprendre et expliquer l'instabilité en République démocratique du Congo ? Quel est l'apport de la MONUSCO dans les études des relations internationales en République démocratique du Congo ? Le concept d'employabilité trouve-t-il son applicabilité dans le contexte de la MONUSCO ? Ces trois interrogations constituent la problématique de la présente recherche.

Ce chapitre s'articulera autour de six points importants. Le premier décryptera certaines sources de l'insécurité que traverse ce pays. Le second retracera la trajectoire de la MONUSCO. Le troisième fera la lecture de la MONUC en tant que prédécesseur de la MONUSCO. Dans le quatrième point, nous ferons l'état des lieux sur la dynamique de la paix au Congo-Kinshasa. En cinquième lieu, il sera question de rendre la contextualité de la MONUSCO dans la discipline des relations internationales. Enfin, sixièmement, nous placerons un mot sur la MONUSCO et l'employabilité en République démocratique du Congo.

---

1 *Lire à ce propos* Jean-Claude Willame, *La Guerre du Kivu. Vue de la salle climatisée et de la véranda*, Bruxelles, Ed. GRIP, 2010, pp. 172.

1. Décryptage de quelques sources de l'instabilité congolaise[1]

Plusieurs sources expliquent l'instabilité sécuritaire que vit la R.D. Congo. Dans le cadre de cette étude, il importe de relever trois importantes sources, souvent contournées par les analystes.

1.1. Les divergences politiques et juridiques coloniales franco-belges

Dès 1882, "l'explorateur italien Savorgan de Brazza pénétrait dans le nord du Bas-Congo, au nom de la France qui s'inquiétait de l'activisme léopoldien. C'est ainsi que le souverain belge eut une idée géniale : il proposa à la France d'hériter, au cas où son œuvre échouerait, de tous ses droits en Afrique par 'droit de préemption'. Jules Ferry, président du Conseil français, fut enthousiasmé. Mais pour tromper l'ardeur française, les Britanniques et les Allemands se rangèrent du côté de Léopold II. Le roi des Belges joua très serré pour contenir les prétentions britanniques et françaises et gagner la sympathie de Bismarck"[2].

1.2. L'attitude britannique tient au fait que l'exploration de la colonie belge fut l'œuvre d'Henry Morton Stanley, citoyen anglo-américain. Les Britanniques ont failli contrer l'avancée belge au sud par la Rhodésie. La dispute avec l'Angleterre étant relative à la partie sud du Katanga, riche en minerais de cuivre. Cette partie constitue

---

1 L'interprétation du conflit dans l'angle de la quête des ressources naturelles a déjà fait l'objet des analyses considérables. L'on peut lire, à ce propos, Samuel Solvit, *RDC : Rêve ou illusion ? Conflits et ressources naturelles en République démocratique du Congo*, Paris, Coll. Etudes eurafricaines, Ed. L'Harmattan, 2009, pp. 51 – 62 ;

2 Mbungu Nkandamana Joseph, *L'Indépendance du Congo-Belge et l'avènement de Lumumba. Témoignage d'un acteur politique*, Paris, Col. *« Congo-Zaïre – Histoire & Société »*, Ed. L'Harmattan, 2008, pp.15 – 16.

le prolongement du *Copper-belt*. Quant à l'Allemagne, elle a financé, sous Bismarck, le Chancelier, le début de la colonisation léopoldienne au Congo en lui prêtant de l'argent. Léopold II étant petit-fils "de François-Frédéric, duc de Saxe-Cobourg Saafeld[1], son père, Léopold Ier est né à Cobourg, en Allemagne".

1.3. Le refus et/ou la lenteur de privatiser les entreprises nationales

La carte régionale de privatisation des entreprises en Afrique australe affichait que la RDC était le seul pays où le vent de la vente des entreprises étatiques aux privés occidentaux soufflait à petite vitesse. Pour l'accélérer, les entreprises américaines, canadiennes, anglaises, sud-africaines et ougandaises vont mettre à exécution un projet de création, en 1996, d'une série des troubles socio-politiques[2].

1.4. L'intrusion de l'extranéité dans les négociations politiques intercongolaises

Déjà en avril 1959, lorsque le premier des partis politiques se tient à Luluabourg, du 9 au 12, l'on a retrouvé la présence d'un État étranger, le Rwanda, représenté par Monsieur Munyangaju Aloys[3]. Ce congrès avait eu à tabler sur les grandes questions nationales, notamment celle de l'unité de l'État. Pénétré par les colonisateurs qui influençaient la vie politique, le Congo belge subit une seconde influence de son voisin immédiat. Il reste vrai que même qu'à l'avènement de l'indépendance, le Rwanda est présent dans la politique nationale. Cette situation demeure

---

1 Lire "Léopold de Saxe-Cobourg", in Microsoft ® Encarta ® 2009. © 1993-2008 Microsoft Corporation.

2 Baracyetse Pierre, *L'Enjeu géopolitique des sociétés minières internationales en République démocratique du Congo (ex-Zaïre)*, Bruxelles, Buzet, 1999, 22 pp.

3 Mbungu Nkandamana Joseph, *Op. Cit.*, p. 120.

constante sous la seconde république, pendant la transition politico-militarisée et sous la troisième république. Après l'indépendance, la prise de pouvoir par le Colonel Joseph Désiré Mobutu fut favorisée par l'intervention de Larry Devlin, agent de la CIA. "Son rôle dans les traumatiques événements du Congo post-indépendant était de le confier à un homme plus renommé dans l'histoire..."[1]. Larry Devlin exécutera la mission de la CIA d'éliminer le Premier ministre congolais P.E. Lumumba en 1961. L'intrusion sera dépassée et le pays connait désormais la *pénétration*[2].

1.5. La résolue question de la forme de l'État

Le débat sur la forme unitaire ou fédérale de l'État fut déjà clos au premier congrès des partis politiques. Parmi les déclarations sur l'unité du pays, celles de MM. Joseph Ileo et Patrice Emery Lumumba retiennent l'attention. D'après Joseph Ileo, "le fédéralisme n'est pas, en soi, un obstacle à l'unité nationale. Les USA et la Suisse sont des États fédéraux. Cependant, le cas du Congo est différent. Etant donné que toutes les couches de la population congolaise n'ont pas encore entièrement pris conscience de leur unité nationale, le fédéralisme sous l'influence du régionalisme, rendu excessif, ou sous des manœuvres qu'on ne peut pas toujours prévoir ou éviter, pourrait compromettre la réalisation de l'unité. ... La France et ses territoires d'outre-

---

1 Michela Wrong, *In the footsteps of Mr. Kurtz. Living on the brink of disaster in Mobutu's Congo*, New York, Ed. Perennial, 2001, p. 64.

2 Sur ce point de vue, lire notre apport portant sur *"Prisme identitaire et échec de résolution des conflits locaux-régionalisés dans la région des Grands Lacs africains"*, in Les Identités, les ressources naturelles et les conflits en République démocratique du Congo : les défis méthodologiques et les voies de sortie ?, Colloque international organisé par la Faculté des sciences sociales, politiques et administratives et le British Council à l'Université de Lubumbashi du 15 au 16 avril 2013.

mer aujourd'hui balkanisés"[1] et non viables sont un exemple.

1.6. Pour sa part, P.E. Lumumba, dans une interview, déclare ce qui suit

"Deux points essentiels sont dégagés. D'abord le fait que l'assemblée s'est prononcée unanimement en faveur de l'unité du Congo et en faveur de la constitution d'un gouvernement unitaire. Cette position, acceptée par tous, va certainement et dès aujourd'hui déforcer les manœuvres de certaines personnes qui ont souvent préconisé la constitution d'États fédéraux, ce qui conduisait à une « balkanisation » rapide du Congo..."[2]. Mais le rebondissement de cette problématique, à chaque fois que la marche vers la réforme institutionnelle est amorcée, cache des intentions sécessionnistes et indépendantistes.

1.7. L'échec de l'expérience démocratique[3]

Depuis l'ouverture de la vie politique au multipartisme intégral en 1990, l'expérience de la démocratie a échoué. Plusieurs indicateurs peuvent l'attester, notamment :

a. La longue Conférence nationale souveraine de 1991 à 1993. Elle eut le mérite de baliser la transition de la future

---

1 Mbungu Nkandamana Joseph, *Op. Cit.*, p. 120.

2 *Ibidem*, p. 121.

3 Comme dans le cas de la République du Congo, le processus de démocratisation en République démocratique du Congo est une expérience qui a presque totalement échoué, car basée sur des fondements antidémocratiques, militaristes, exclusivistes et entachés de cruauté. Lire John Frank Clark, *The failure of democracy in the Republic of Congo*, Colorado, Lynner Rienner Publushers, 2008, 309 pp; Michela Wrong, *In the footsteps of Mr. Kurtz : Living on the brink of disaster in Mobutu's Congo*, New York, Perennial edition, 2001 et Mondonga M. Mokoli, *The transition towards democracy in post-1990 Zaire. Contradictions and dilemmas*, San Francisco – London, Ed. International Scholary Publications, 1997.

troisième République. Mais ses recommandations ne furent jamais appliquées.

b. La prise d'armes par L.D. Kabila[1] *et le renversement de la dictature mobutienne par la force le 17 mai 1997.* L.D. Kabila justifia son action par l'intransigeance du maréchal Mobutu à céder le pouvoir démocratiquement. Il s'en suit l'instauration d'une nouvelle dictature par le monopartisme incarné dans les Comités de pouvoir populaire (C.P.P.).

c.L'assassinat, le 16 janvier 2001, de L.D. Kabila. Pour d'aucuns, la résistance de L.D. de continuer le processus de démocratisation déjà enclenché atteste qu'il n'était pas démocrate[2].

d. L'apparition de factions rebelles à l'est et au nord-ouest de la R.D.C. En août 1998, le Rassemblement congolais pour la démocratie (R.C.D.) nait, suivant le même schéma de "libération" que l'A.F.D.L. de L.D. Kabila. Ce groupement politico-militaire est financé et organisé par le Rwanda. Il occupe toute la partie est et progresse vers le nord jusqu'à se voir stoppé par la résistance mystique songye. Au nord-ouest, le Mouvement pour la Libération du Congo (M.L.C.) tient les rênes grâce au soutien ougandais.

e. La tenue des négociations intercongolaises de Sun City téléguidées par les puissances étrangères[3]. Il en résulte un gouvernement exceptionnel d'un président secondé par

---

1 *Alliance des forces démocratiques pour la libération du Congo (A.F.D.L.)*

2 Après la tenue des Consultations nationales en 1998, lesquelles réunissaient toutes les couches politiques et apolitiques de la république, il fut déposé un document synthèse recommandant au président L.D. Kabila de relancer le processus démocratique, libérer le fonctionnement des partis politiques et syndicats. S'étant retiré à Lubumbashi pour examiner et répondre aux *Consultants nationaux,* il se prononça en *désaccord total avec ces derniers. Il obligea tout le monde à se conformer aux nouvelles institutions, notamment les C.P.P.*

3 Lire Kabamba Mbwembwe Kabuya, *La R.D. Congo malade de sa classe politique. Les Coulisses du dialogue intercongolais (DIC),* Paris, éd. L'Harmatttan, 2005, 147 pp.

quatre vice-présidents (1 + 4). Ce gouvernement est placé sous la surveillance du Comité international d'accompagnement de la transition (C.I.A.T.), une nouvelle forme de tutelle administrative internationale.

f. La tenue des élections présidentielles et législatives de 2006 à résultats contestés. La publication des résultats de la présidentielle mit plus d'un mois à se faire. Deux négociations politiques eurent lieu entre Joseph Kabila, candidat à sa propre succession et Jean Pierre Bemba sur des contenus non dévoilés officiellement.

g. La guerre de Kinshasa, du 20 au 22 août 2006, oppose les troupes loyales et fidèles au président Joseph Kabila, appuyées par l'armée angolaise, contre celles du sénateur Jean Pierre Bemba Gombo. Dans la mesure où le président a pour mission de promouvoir la démocratie dans la nation, J.P. Bemba étant son challenger et seconde force politique au sein du Parlement, Joseph Kabila n'avait pas droit à pareille bavure. Lancer l'assaut contre l'opposant c'est mettre le feu à la *maisonnette démocratie.* C'est à juste titre que le CIAT se *déclarera indigné et préoccupé. Il condamnera l'usage* ***disproportionné*** *de la force par la partie gouvernementale appuyée les troupes angolaises*[1].

h. L'échec du programme gouvernemental national baptisé cinq chantiers[2]. L'objectif de tout processus démocratique est l'amélioration du bien-être de la population. Sur le plan national ou provincial, aucun des aspects de ce programme du premier mandat Kabila Kabange Joseph ne s'est réalisé. Ce programme n'ayant pas été reconduit au second mandat, il est remplacé par celui de la *révolution de la modernité,* lequel peine à marquer ses débuts.

---

1 Lire le Communiqué du CIAT.

2 Les "*cinq chantiers*" touchent cinq secteurs : *les infrastructures, la création d'emplois, l'éducation, l'eau et électricité et la santé.*

i. La pérennisation de l'insécurité à l'est[1], *au nord-est*[2] *et au sud*[3] *de la République démocratique du Congo.* Ces insécurités se justifient sur fond de la dictature et la misère des populations. Les tenants prétendent combattre ces deux maux. Il se crée un *terrorisme sous plusieurs formes ; urbaine, interétatique, nationale, etc.*

j. Les violations massives des droits de l'homme. Relevons dans ce cas l'interdiction des mouvements de protestation et revendication, restriction de la liberté d'expression, confiscation des médias, restriction des activités des partis politiques, arrestations arbitraires des opposants, gel de financement des partis politiques, expulsion des journalistes étrangers, dépendance de la justice aux tenants du pouvoir, etc. Ces violations, en R.D. Congo, demeurent impunies malgré la signature de l'accord-cadre pour la paix, la sécurité et la coopération[4].

1.8. La transposition de guerres entre puissances.

L. Devlin a estimé long le programme américain de sabotage du plan russe d'expansion mondiale du

---

[1] L'Est est le talon d'Achille du pays. Toutes les rébellions conduisant au renversement de régimes dictatoriaux congolais y prennent leurs racines, notamment A.F.D.L., R.C.D., C.N.D.P., M23, Rahiya Mutomboki devenu Rahiya Mukombozi, etc.

[2] C'est le bastion de l'Union des patriotes congolais (U.P.C.)

[3] L'on dénombre des troupes barbares, négatives communément désignées par l'expression *Mayi Mayi*, notamment les Kata Katanga, Gédéon Kyungu.

[4] Conseil de sécurité, *accord-cadre pour la paix, la sécurité et la coopération pour la République démocratique du Congo et la région*, S/2013/131, New York, Nations unies, 5 mars 2013, voir précisément les points 6 (ne pas héberger ni fournir une protection de quelque nature que ce soit aux personnes accusées de crimes de guerre, de crimes contre l'humanité, d'actes de génocide ou de crimes d'agression, ou aux personnes sous le régime de sanctions des Nations unies) et 7 (faciliter l'administration de la justice, grâce à la coopération judiciaire dans la région).

communisme[1]. La fin de la guerre froide voit commencer celle d'agression ; guerre dans laquelle les armées rwandaise et ougandaise se sont affrontées en quête des minerais.

2. De la trajectoire de la MONUSCO

La mission de Stabilisation de l'Organisation des Nations unies en République démocratique du Congo est l'inspiration de l'ONUC (Organisation des Nations unies au Congo), créée en 1960, pour mettre fin à la sécession katangaise. Elle s'en démarque pourtant par le fait d'être née, au départ, comme une Mission d'observation de l'ONU en République démocratique du Congo (MONUC)[2]. La transformation se fera par la résolution 1279 du 30 novembre 1999. À force d'éprouver des difficultés de répondre aux incursions des groupes armés et leurs alliés, la Mission d'observation sera transmuée en Mission de l'Organisation des Nations unies en République démocratique du Congo dont l'objectif principal est d'établir un Accord de Cessez-le-feu entre les belligérants. Le respect du cessez-le-feu devait être rendu possible grâce à la coopération entre la MONUC et la Commission militaire mixte (Joint Military Commission). C'est la résolution 1291 (2000) du 24 février 2000 qui autorise la mise en application du chapitre VII en reconnaissant à la MONUC la capacité de riposte ou recours à la force en cas de nécessité.

Mais ce recours à la force ne l'était pas pour défendre l'intégrité territoriale de la République démocratique du Congo plutôt l'aire de déploiement des bataillions d'infanteries de la MONUC, le personnel de la Commission militaire mixte (JMC)[3], les facilités, installations et

---

[1] Michela Wrong, *Op. Cit.*, p. 64.

[2] Résolution 1258 (1999) du Conseil de Sécurité de l'ONU

[3] *Commission militaire mixte* (CMM) ou *Joint Military Commission* (JMC), instituée par l'Accord de Lusaka, *partage les mêmes locaux*

équipements de la Mission. L'action de recours à la force était également prévue pour assurer la sécurité et la liberté de déplacement de son personnel et protéger les civils contre les imminentes menaces de violence physique. Cette limitation d'intervention cathartique de la MONUC la rendra, bien au départ, inefficace, car lesdites interventions devaient être autorisées par New York. En outre, les groupes armés, forces négatives et parties d'opposition armées trouveront un champ libre pour se déployer.

Dès lors, les mouvements transfrontaliers des populations congolaises, rwandaises, burundaises et ougandaises s'intensifient. Le Gouvernement de la République démocratique du Congo fustige la complaisance et la passivité de la MONUC. Il déplore en criant l'installation des populations rwandaises dans les parties occupées par Laurent Nkundabatware, lequel demeure non inquiété par les soldats de la paix.

L'on dénombre plus de sept phases qui laissent apparaître des transformations de la MONUC au regard de l'évolution de la situation sécuritaire en République démocratique du Congo. La phase la plus pratique est la septième. Elle commence en 2005 avec le désarmement des 12 000 miliciens en Ituri. Elle mène *indirectement* aux arrestations des dirigeants de l'Union des patriotes congolais (UPC), Thomas Lubanga et Germain Katanga ; leurs chefs d'état-major faisant reddition et se confiant aux FARDC pour leur brassage. Elle s'amplifie en se poursuivant à l'est à la suite de tirs sur ses soldats. La MONUC mène des opérations pour stopper certaines avancées des troupes des Nkundabatware et Jules Mutebusi tout en jouant un rôle non négligeable dans la quête la mise en application des accords signés. Démis de ses fonctions à la tête du CNDP, Laurent Nkundabatware est retiré de la scène politique

---

pour assurer la sécurité et la liberté de circulation de son personnel, et protéger les civils se trouvant sous la menace de violences physiques.

congolaise par le Rwanda, sous prétexte de le garder en résidence surveillée[1] ; estimant que le mandat d'arrêt international lancé contre, s'il est exécuté, ne lui fera pas bénéficier d'un procès équitable en République démocratique du Congo. À Laurent Nkundabatware et son CNDP succède Bertrand Bisimwa, chef de file du Mouvement du 23 mars (M23)[2].

L'année 2013 voit balbutier une autre force rebelle, l'Union des Forces révolutionnaires du Congo. C'est une coalition des groupes armés du Sud-Kivu dont le commandant Gustave Bagaya Mukwe, ex-candidat député national inscrit au numéro 154 sur la liste électorale, dans la circonscription de Bukavu. Faisant le bilan des perdants, les élections législatives nationales de 2012 ont enregistré 17 834 candidats perdants. Dans ce cas, si chaque candidat *malheureux* manifeste son mécontentement en créant une rébellion, la République démocratique du Congo compterait 17 834 rébellions. Ce qui conduirait sûrement à sa disparition.

Critiquée par la société civile congolaise et le Gouvernement congolais pour son inaction lors des prises de certaines parties des provinces de l'Equateur et du Sud-Kivu, la MONUC soutient les FARDC dans les opérations de récupération des secteurs occupés par les insurgés. Elle fournit des renseignements militaires sur les positions des milices et rebelles et contribue, à un degré limité, à la refondation de l'armée en assurant la formation des officiers militaires des FARDC.

---

[1] *Actuellement, c'est le Rwanda qui se déclare capable de le juger.*

[2] À l'heure où nous mettons la dernière main sur ce papier, l'on annonce, le 4 novembre 2013, la dissolution du M23 ; laquelle est saluée par le Conseil de sécurité des Nations unies.

La fin du mandat[1] de la MONUC soulève la question du départ des ses troupes. Dès lors, la nouvelle configuration doit lui être donnée. La résolution 1925 (2010) du 28 mai 2010 prorogera son mandat jusqu'au 30 juin 2010, donnera une nouvelle appellation, la *"Mission de l'Organisation des Nations unies pour la stabilisation en République démocratique du Congo"* ou "*MONUSCO*", à dater du 1er juillet 2010, et fixera son mandat pour un an, soit jusqu'au 30 juin 2011. Cette résolution fixe les attributions de la MONUSCO qui se résume en la quête de la stabilité.

3 Quel bilan établir du mandat de la MONUC ?

Une telle question invite tout scientifique clairvoyant à raisonner en termes du *finish* de la mission. À ce titre, il nous semble indiqué de trouver le bilan de la MONUC comme étant négatif, car la mission œuvre sur le court terme tout en laissant de côté sciemment les dangereuses questions qui minent, au départ, la stabilité. Ce sont des questions qui ont été à la base de conflits, notamment la véritable démocratisation des institutions, la problématique

[1] La nouvelle Mission a été autorisée à utiliser tous les moyens nécessaires pour s'acquitter de son mandat, à savoir notamment garantir la protection des civils, du personnel humanitaire et des défenseurs des droits de l'homme exposés à une menace imminente de violences physiques, et aider le gouvernement de la RDC à stabiliser et à consolider la paix. Le 28 mars 2013, en soutien de l'accord-cadre pour la paix, la sécurité et la coopération pour la République démocratique du Congo et dans la région et en réponse à l'appel lancé par les Gouvernements dans la région des Grands Lacs, le Conseil de sécurité a adopté la résolution 2098 (2013), par laquelle il proroge jusqu'au 31 mars 2014 le mandat de la Mission de l'Organisation des Nations unies pour la stabilisation en République démocratique du Congo (MONUSCO) et crée une « brigade d'intervention » pour renforcer les opérations de maintien de la paix. Lire à ce sujet "*MONUSCO*", cf. Internet, http://www.un.org/fr/peacekeeping/missions/ monusco/background.shtml consulté le 14 novembre 2013 à 11 heures 40 minutes.

de la géopolitique des réfugiés, des mouvements des populations congolaises, des relations diplomatiques superficiellement bonnes pour tromper les apparences internationales, le silence sur le génocide congolais, le caractère international, donc agressif, des deux dernières guerres qu'ont connues les Congolais.

Les *mêmes causes produisant les effets, tous les facteurs politiques restant égaux par ailleurs,* la résurgence des hostilités entre les pays de la région des Grands Lacs africains, et même à l'intérieur de chacun d'entre eux, n'est pas une hypothèse difficile à vérifier et conformer dans un avenir très proche. En effet, à l'heure présente, les facteurs sont réunis. Il ne reste plus que leur combinaison pour revenir à la case de départ. Dans le concret, l'on note l'émergence de nouvelles dictatures dans la région[1] tandis que d'anciennes autres se fortifient et se maintiennent au pouvoir[2], l'augmentation des statistiques des réfugiés, le non-respect des droits de l'homme, les ingérences et pénétrations politico-militaires, l'absence de cohésion nationale, la pauvreté endémique, le commerce illicite des toutes les richesses du sol et du sous-sol, la mal gouvernance, etc. L'inefficacité de la MONUC, plus tard de la MONUSCO, tient au fait que son mandat ne l'autorise pas à mener seule des opérations proactives en matière d'imposition de la paix. Le recours à la force n'était autorisé que pour "protéger le personnel, les installations et le matériel de l'ONU, assurer la sécurité et la liberté de

---

[1] *Nous pouvons indiquer les dictatures en République démocratique du Congo, Rwanda, Burundi et Ouganda. Ces dictatures se cachent dans des Constitutions concentrant le pouvoir dans les mains d'un Chef d'État. Les élections sont organisées à la grande satisfaction du candidat-président de la République.*

[2] *En considérant les conclusions de la Conférence internationale sur la paix et le développement des Grands Lacs tenue à Nairobi, nous renvoyons aux cas du Tchad et Soudan. La Zambie est guettée par le danger de tomber dans un système de parti ultradominant comme l'Afrique du Sud.*

circulation de son personnel, et protéger les civils se trouvant sous la menace imminente de violences physiques"[1].

Ces maux tendent à liquider l'État en Afrique des Grands Lacs. De la MONUC à la MONUSCO, le Conseil de sécurité de l'ONU n'aura pas à fustiger la gestion insécurisante du gouvernement congolais. Une telle interpellation ou mise en garde ne sera *probablement* jamais adressée aux gouvernants. La résolution 1856 (2008) interpellait les services de douane congolaise. Ce fut dans le cadre du contrôle de trafic des armes afin de respecter l'embargo de l'ONU à ce sujet. Ces questions sont laissées dans les prérogatives du gouvernement congolais, quelle que soit la capacité de détournement démontrée par les responsables.

L'inefficacité de la MONUSCO est palliée avec la création par le Conseil de sécurité des Nations unies de la Brigade spéciale d'intervention devant comprendre 19 815 hommes. La présentation tridimensionnelle[2] de cette brigade semble donner espoir, mais les résultats sur terrain sont loin d'être ceux escomptés.

4. La dynamique de la stabilité en République démocratique du Congo

4.1. Au niveau du système international

La stabilité de la République démocratique du Congo dépend plus de facteurs externes qu'internes. Elle est donc une question débattue, depuis l'indépendance du pays, au sein organisations internationales et dans des capitales occidentales. L'indépendance politique elle-même fut décidée

---

[1] Jean-Claude Willame, *Les "Faiseurs de paix" au Congo. Gestion d'une crise internationale dans un État sous tutelle*, Bruxelles, Ed. GRIP – Complexe, 2007, p. 93.

[2] Elle comprend trois bataillons d'infanterie, une compagnie d'artillerie, une force spéciale et une compagnie de reconnaissance

à la table ronde de Bruxelles en 1959. De juillet 1960 à ce jour, les accalmies congolaises sont le produit des résolutions de l'ONU et de la configuration du système international.

La fin de la guerre froide a transformé profondément le commerce des armes, le facteur d'appartenance à l'un des camps idéologiques ayant disparu. Les grands fournisseurs d'armes sont conduits par de logiques plus économiques (le bénéfice) et stratégiques notamment le contrôle de l'adversaire en cas d'agression. C'est le commerce d'armes de toutes dimensions qui s'effectue. Tout le monde vend d'abord à quiconque se présente pour acheter.

Il faudrait relever que la quête de la stabilité nationale – même régionale - a permis aux forces transnationales à s'intéresser à la question congolaise. Dans cette perspective, l'on dénombre des acteurs de la Société civile (ONG) de toutes sortes, les firmes transnationales voire des acteurs individuels[1].

4.2. Au niveau de la région des Grands Lacs et de la République démocratique du Congo

Les grands producteurs d'armes exportent vers l'Afrique[2] en général, et particulièrement la République démocratique du Congo un système d'armes légères, armes de petit calibre pour des affrontements qui se déroulent régionalement, aux frontières des États ou à l'intérieur des États. La dimension économique des États étant faible.

---

[1] Le point de vue des populations rwandaises et ougandaises, en réaction aux accusations congolaises portant sur l'agression, expose Mrs. Kagame et Museveni comme intervenant à titre personnel. Ainsi les Ougandais rejettent la dette de 10 milliards de dollars à payer à la R.D. Congo à titre de dommages et intérêts suite à l'Arrêt rendu par la Cour Internationale de Justice de l'ONU.

[2] *L'Afrique n'est pas la grande importatrice d'armes, car les conflits africains sont très peu couteux*

Dans ce cas, les ventes d'armes à la République démocratique du Congo, par les grands producteurs ou des réseaux informels, revêtiront un caractère géostratégique : *"Assurer un contrôle absolu sur le système sécuritaire du pays, le maintenir dans une instabilité et ne pas lui permettre d'aboutir à la mise sur pied d'une armée forte capable de contrer les menaces de toute nature, notamment celle de balkanisation"*.

La relation triangulaire entre l'exploitation illégale, le commerce des ressources naturelles et la prolifération et le trafic illicite des armes est parmi les facteurs principaux d'alimentation et exacerbation des conflits dans la région des Grands Lacs, particulièrement en République démocratique du Congo. Cette raison est élastique dans le temps et l'espace[1].

C'est ainsi que pour manifester la volonté de maintien de la paix, l'ONU adopte des résolutions. Celles-ci auront un même esprit, par exemple :

- Rappeler les précédentes résolutions adoptées par le Conseil de sécurité de l'ONU sur la question congolaise
- Réaffirmer l'engagement au respect de la souveraineté, de l'intégrité territoriale et de l'indépendance politique de la République démocratique du Congo afin de l'aider à parachever le processus commencé depuis 1990.

---

[1] *Lire* Global Witness, *« Face à un fusil, que peut-on faire ? ». La guerre et la militarisation du secteur minier dans l'est du Congo*, Londres, Global Witness, juillet 2009, pp. 120 ; International Alert, *étude sur le rôle de l'exploitation des ressources naturelles dans l'alimentation et la perpétuation des crises de l'est de la RDC*, London, International Alert, octobre 2009, pp. 94 et Carla Berke, KfW Entwicklungsbank, Jens Pulkowski, Nicola Martin, Jürgen Vasters, Markus Wagner, *Les Ressources naturelles en République démocratique du Congo - Un potentiel de développement ?*, Frankfurt am Main, KfW Entwicklungsbank et Institut fédéral allemand des sciences de la terre et des matières premières (BGR), avril 2007, pp. 108.

- Insister sur les processus de désengagement des parties et leur retour à la vie civile (exemple : DDR pour les groupes armés congolais et le DDRRR pour les groupes étrangers) comme condition de création d'un développement économie durable ;

- Insister sur l'importance de l'apport fait par des partenaires étrangers dans les domaines de désengagement des forces négatives et toutes autres parties impliquées ;

- Insister sur les défis de la sécurité (dans les deux Kivu et en province orientale) face à la persistance des groupes armés ; ce qui soulève la problématique de l'effectivité de l'autorité étatique et le danger de la résurgence de conflits et de déplacement des personnes et réfugiés. Faire respecter les processus de Goma et Nairobi à cette fin.

- Mettre fin à l'exploitation illégale des ressources.

Il ressort de cette lecture que la République démocratique du Congo est condamnée, pour une durée indéterminée, à vivre avec le pré carré où se définissent les conditions de sa stabilité. Cette position démontre qu'aussi longtemps que les provinces du Kivu et la province orientale demeureront le talon d'Achille congolais, la MONUSCO et autres partenaires devront prolonger leur mandat en RDC[1].

5. La MONUSCO et les études des relations internationales

Sans pour autant faire une revue complète de la littérature sur les théories de la science des relations internationales, il sied de noter qu'à la suite de toutes les contestations scientifiques, ces théories résistent. Les études des relations se moulent en deux grandes tendances, notamment la tendance des idéalistes et celle des réalistes[2].

---

[1] *Les anciens membres du CIAT jouent également un rôle dans la quête de la stabilité*

[2] *L'on ne méprise pas les visions fonctionnaliste, systémiste, marxiste ou constructiviste*

Depuis l'échec de la Société des Nations, projet idéaliste par excellence, qui visait la construction d'un monde sans armes, les États se sont rendu compte de la nécessité de maîtriser les arsenaux et parvenir à la domestication de la violence. L'*idéalisme* visait la sécurité collective en instaurant une autorité internationale, la Société des Nations. Le pacte portant sa création paraissait comme un droit international qu'il fallait respecter pour se contraindre soi-même. Et pourtant, la société internationale est *suis generis.* Cette conception voulait faire prévaloir des conceptions utopistes fondées sur le moralisme et le légalisme dans les rapports.

C'est le *réalisme* qui explique mieux le comportement des acteurs du système international. En fait, s'étant autogénérée, cette société internationale est caractérisée par l'usage de la force, de la puissance étatique par chaque acteur et l'anarchie internationale. Il y a donc absence totale d'une autorité politique devant pacifier et stabiliser les États. La paix et la stabilité résultent de la dissuasion réciproque que se mènent les mêmes acteurs.

Dans l'ensemble, toutes les théories des relations internationales se disputent sur des aspects tels que :

- Analogie domestique (Domestic analogy) : elle renvoie aux facteurs analogues entre les acteurs.
- Puissance : elle n'est plus le monopole des États à cause de sa manipulation par divers acteurs. Elle ne s'exprime pas en termes des armes que l'on possède mais en la capacité de détruire le camp adverse et assujettir l'ennemi.
- Approche conservatrice : elle veut que seul l'État soit pris en considération dans les analyses.
- Approche libérale : apparition des acteurs transnationaux et subnationaux.
- État : acteur central des R.I. La centralité de l'État impose une vision stato-centrée de la quête de la paix mondiale.

• Anarchie internationale : elle est la caractéristique de la société internationale mais il faut la contenir pour ne pas faire exploser le système. Il reste cependant vrai que l'on ne peut pas éradiquer cette anarchie.

• Discours et principes : principalement, l'on pose le problème de l'égalité ou l'inégalité des nations.

• Dilemme de la sécurité : quelle est la structure par laquelle la sécurité peut être réalisée ? La tendance est multicentrée, c'est-à-dire vers l'institutionnalisation des efforts pour réaliser la sécurité.

• Concepts d'hégémonie et de sphère d'influence : plusieurs considérations se font jour, notamment les superpuissances, grandes puissances, puissances moyennes, puissances montantes. Quant à la sphère d'influence, l'on distingue des pays ayant une capacité mondiale, régionale ou locale.

Dans le cadre des Nations unies, l'on a des agendas pouvant faire en sorte qu'il s'agisse soit de la reconstruction de la paix (*peace-building*), du renforcement de la paix (*peace-enforcing*) ou du maintien de la paix (*peace-keeping*). La MONUSCO entre dans le cadre de la reconstruction de la paix (*peace-building*) visant la consolidation et l'achèvement des processus de stabilisation déjà amorcés en vue de l'aboutissement à un développement durable.

Les études en relations internationales menées sur la MONUSCO ont démontré ses forces et faiblesses. Les faiblesses de la Mission de l'Organisation des Nations unies pour la stabilité en République démocratique du Congo confirment l'hypothèse selon laquelle l'institutionnalisation de la paix est aussi un projet fragile et utopique à cause de l'absence d'un droit devant réellement contraindre les acteurs à agir rationnellement. En outre, les forces multinationales de la MONUSCO ne peuvent pas se substituer en armée républicaine en RDC car elles n'ont pas de vision intégrée et de nationalisme. Elles n'ont aucune allégeance envers le gouvernement de la RDC. Aussi, les forces négatives et autres groupes armés ne peuvent que parvenir à trainer les pieds sur le respect des instructions de la MONUSCO.

En considérant ses forces, la MONUSCO[1] réaffirme son attachement à la souveraineté, l'intégrité territoriale et l'indépendance politique de la République démocratique du Congo. Elle insiste sur la responsabilisation de la RDC comme pôle fédérateur dynamique. Les recommandations formulées dans les résolutions du Conseil de sécurité, sur cette matière, notent une liquéfaction de l'appareil sécuritaire congolais. Son appui peut permettre au Congo-Kinshasa classer la guerre comme un élément du passé après vingt ans.

Par ailleurs, c'est à partir de la MONUSCO que l'on encourage les États de la région des Grands Lacs africains à maintenir un haut niveau d'engagement pour la promotion de la paix et la stabilité régionale, ainsi que par les mécanismes régionaux, l'intensification des efforts régionaux de développement durable. Le rétablissement des relations diplomatiques prospères est recommandé et encouragé comme moyen de règlement pacifique des différends. Mais en tout cela, peut-on attendre de la MONUSCO une contribution au débat sur l'employabilité ? Réservons-y une réponse dans le dernier point.

La MONUSCO veut voir les acteurs politiques congolais *produire le comportement souhaité par la communauté internationale de manière observable en démontrant que l'objectif est atteint. Le produit de ce comportement est la fin de l'instabilité généralisée. Les conditions de réalisation de ce comportement sont notamment la signature d'un accord de cessez-le-feu, l'unification de l'armée, la tenue des élections libres, démocratiques et transparentes. Le critère servant à déterminer si le produit est satisfaisant le respect de la démocratie dans la gestion de la res*

---

[1] *Faisant suite au Conseil de Sécurité des Nations unies*

publica. Les efforts de la MONUSCO se fondent sur le *comportementalisme politique* en République démocratique du Congo, méthode conjuguant " des contenus disciplinaires décomposés en très petites unités"[1] politiques et militaires.

Il convient de relever, au demeurant, que la MONUSCO est *assez* compétente, car le traitement qu'elle apporte à la situation politico-militaire de la R.D. Congo est *assez* viable, c'est-à-dire *passablement* satisfaisant. Ses programmes se basent sur les interactions, compétences, enjeux et défis des acteurs qui se développent en situation. Il importe de relever que la difficulté à instaurer une paix durable et nationale réside dans le fait que certains remèdes sont construits hors situation congolaise et sont ensuite appelés à être mimés d'une quelconque manière. C'est notamment la planification du désarmement des forces négatives et milices, dans le cadre du programme DDR, qui fut faite dans le contexte de la MONUC. Ce programme approuvé par le Conseil de sécurité ne prenait pas en considération l'aspect de la création des rébellions et du financement des milices par le gouvernement central.

6. La MONUSCO et l'employabilité en République démocratique du Congo

Le débat sur l'employabilité semble être imperceptible du fait de contours flous du terme lui-même. Mais pour le faire avancer, disons que l'employabilité signifie l'*utilisabilité* des ressources humaines qu'un Etat possède dans le but de réaliser un développement durable dans le temps et l'espace. Prise dans son sens intrinsèque, l'employabilité renvoie plus à la possibilité qu'a un chômeur à s'auto-employer et/ou

---

[1] Rifai Ahmed, *De la pédagogie par objectifs à la pédagogie par compétences*, cf. Internet, http://www.marocagreg.com/forum/sujet-de-la-pedagogie-par-objectifs-a-la-pedagogie-par-competences-6925.html, consulté le 30 octobre 2013 à 9 heures 53 minutes.

employer d'autres travailleurs en quête d'emploi. Elle soulève le problème de la mise en pratique des capacités entrepreneuriales, de la créativité et l'inventivité.

Dans le contexte de l'employabilité, la MONUSCO accomplit sa mission en utilisant un effectif global chiffré à 25 739 personnes[1] réparties de la manière ci-après :

• 21 198 membres du personnel en uniforme, dont :

19 373 soldats

526 observateurs militaires

1 299 policiers

• 3 968 membres du personnel civil (au 31 août 2013), dont :

998 membres du personnel civil international

2 970 membres du personnel civil local[2]

• 573 volontaires des Nations unies. Le budget des opérations de maintien de la paix et la sécurité en République démocratique du Congo pour l'exercice 1er juillet 2013 au 30 juin 2014 est de *1 427 586 100* dollars américains[3].

Le recrutement tient compte des critères internationaux élaborés par les instances onusiennes, notamment la discipline scientifique suivie par le candidat, les scores

---

1 À la date du 31 décembre 2013. Lire *"Faits et chiffres"*, cf. Internet, http://www.un.org, consulté le 1er février 2014 à 9 heures 28 minutes

2 À la date du 5 février 2014, ces effectifs sont de 3100 membres sans considérer les *contractants individuels* (individual contracts), qui sont des journaliers engagés pour une durée de deux à trois mois.

3 Assemblée générale des Nations unies, *Crédits approuvés au titre des opérations de maintien de la paix pour l'exercice allant du 1er juillet 2013 au 30 juin 2014*, Note du Secrétaire général, A/C.5/68/21, New York, Nations unies, 23 janvier 2014, p. 2.

réalisés dans les branches de sa prestation et la satisfaction à un concours de recrutement lui administré.

La part de la MONUSCO dans cette question doit être de second rang. Le débat étant d'abord congolais. À ce propos, l'employabilité doit sous-entendre, pour notre part :

a. La réforme des règles : le premier volet des règles à reformer est celui du ***Code congolais des investissements***. Cet instrument juridique incite plus les étrangers à investir en leur laissant libre accès aux domaines clés d'opérationnalité, notamment faible participation de l'État ou des nationaux au capital de l'entreprise, la liberté de transférer une importante partie des bénéfices à la maison mère, faible taxation sur les bénéfices et les opérations d'importation et exportation. Dans le même ordre d'idées, les ***Codes minier*** et f***orestier*** sont taillés sur mesure étrangère considérant les nationaux comme n'ayant pas de capacité d'exploitation de ces secteurs.

b. La révision des conditions d'accès au crédit bancaire : l'une des critiques adressées aux firmes étrangères, surtout transnationales, est qu'*elles ne fournissent pas réellement de capitaux ; elles les mobilisent sur place*[1]. Selon Barnet et Müller[2], les multinationales ne fournissent pas des capitaux aux pays en développement où elles s'implantent. Elles les mobilisent en empruntant sur place des banques. Cette pratique est vécue en République démocratique du Congo où la plupart des entreprises étrangères sollicitent des crédits auprès des banques locales ou africaines. Il sied donc de revisiter la législation en la matière afin de reconsidérer les règles affaiblissant les nationaux. L'on devrait laisser aux nationaux congolais la possibilité d'accès

---

1 Loehr, W. et Powelson, J.P., *Les Pièges du nouvel ordre économique international*, Paris, Ed. Economica, 1984, pp. 82 et ss.

2 Barnet Richard, J. et Müller Roland, E., *Global Reach : The Power of the Multinational Corporation*, New York, Ed. Simon and Schuster, 1974, p. 153.

aux crédits à court ou moyen terme pour la réalisation des projets de création des petites et moyennes entreprises.

c. La définition et le développement d'une politique de promotion des inventions congolaises : il vient d'être recensé une centaine d'inventions congolaises dans plusieurs domaines[1]. En matière d'énergie, un biocarburant produit à base de l'huile de palme fait tourner de moteurs diesel dans la ville province de Kinshasa. En pharmacie, un nouveau type de piment ayant la capacité de guérir l'hémorroïde a été mis au point par les jeunes chercheurs nutritionnistes d'un Institut supérieur des techniques médicales de la province de Bandundu. Dans l'ensemble, ces résultats sont méprisés sous prétexte de manque d'infrastructures de recherche adéquates, surtout sophistiquées.

d. La réforme du système judiciaire : Le musellement de la justice constitue un obstacle majeur à l'épanouissement des capacités auto-employables. La dépendance de la justice vis-à-vis du politique, sa tribalisation et sa corruption empêchent les déshérités de la société d'obtenir gain de cause. Le droit est dit en faveur du plus fort et plus riche.

e. Doter l'employable (apprenant) des moyens de maîtrise des conditions et matériel entrant dans la ligne de compte pour sa formation.

Mais il faut reconnaître qu'au même moment le plaidoyer est fait en faveur de la valorisation du génie congolais, l'on note également et a contrario la baisse du niveau scientifique chez certains domaines de la société congolaise, notamment dans l'enseignement, épine dorsale de tout développement, l'armée, la fonction publique, etc.

Ce constat nous amène à proposer la convocation des ***états généraux de l'enseignement supérieur et universitaire de la République démocratique du Congo***.

---

[1] *Résultat de la première exposition des inventions congolaises tenue à Kinshasa au mois de juin.*

Ceux-ci devront commencer d'abord par la question du niveau scientifique en perpétuelle décadence. Décrypter les causes des faiblesses du système d'enseignement c'est poser les bases d'un développement durable. Ils se préoccuperont, ensuite, de la question sécuritaire afin de doter le pays d'une armée efficace en matière d'interventions de grande envergure. Ces deux domaines s'imbriquent facilement ou l'un précède l'autre selon les temps et les circonstances. Enfin, le système administratif passerait à sa réforme pour la construction d'une administration développementaliste.

Conclusion

Faudra-t-il une seconde autodétermination pour la République démocratique du Congo ? Loin de là. Mais la MONUSCO aura démontré, par ses forces et faiblesses que la République démocratique du Congo doit se bâtir seule et les études en relations internationales, dans ce pays, doivent prendre en considération la spécificité congolaise. 'un des aspects de cette spécificité est de ne pas considérer la RDC comme un champ d'expérimentation des options de résolutions de conflit et/ou de création d'emplois pour personnel expatrié et national. Quel est donc ce type de lutte contre le chômage en RDC, lutte à laquelle participe la MONUSCO ?

Les statistiques n'indiquent pas une absorption d'un taux élevé des chômeurs congolais par la mission onusienne. Il importe plus que dans la quête de la stabilité nationale, pour la création d'emplois certains, durables et conduisant au bien-être, les Nations unies tablent sur les impératifs de redynamisation de l'État - congolais - dont le critère important est la *souveraineté affirmée grâce à sa capacité militaire de remplir les missions sécuritaires.* La *reconnaissance de l'État congolais*[1] *sur le plan international* ou *régional* est tributaire de cette première condition.

La MONUSCO est un partenaire qui vient soutenir les efforts congolais et non les supplanter. Les maux déplorés étant congolais, les solutions et acteurs doivent être également congolais. Le contraire serait illusion et utopie.

---

1 *Entendons l'acceptation comme partenaire égal dans la quête des solutions aux questions mondiales*

Bibliographie du chapitre II

Assemblée générale des Nations unies, *Crédits approuvés au titre des opérations de maintien de la paix pour l'exercice allant du 1er juillet 2013 au 30 juin 2014*, Note du Secrétaire général, A/C.5/68/21, New York, Nations unies, 23 janvier 2014.

Baracyetse Pierre, *L'Enjeu géopolitique des sociétés minières internationales en République démocratique du Congo (ex-Zaïre)*, Bruxelles, Buzet, 1999.

Barnet Richard, J. et Müller Roland, E., *Global Reach : The Power of the Multinational Corporation*, New York, Ed. Simon and Schuster, 1974.

Carla Berke, KfW Entwicklungsbank, Jens Pulkowski, Nicola Martin, Jürgen Vasters, Markus Wagner, *Les Ressources naturelles en République démocratique du Congo - Un potentiel de développement ?*, Frankfurt am Main, KfW Entwicklungsbank et Institut fédéral allemand des sciences de la terre et des matières premières (BGR), avril 2007.

Conseil de sécurité, *accord-cadre pour la paix, la sécurité et la coopération pour la République démocratique du Congo et la région*, S /2013/131, New York, Nations unies, 5 mars 2013.

"Faits et chiffres", cf. Internet, http://www.un.org, consulté le 1er février 2014 à 9 heures 28 minutes

Global Witness, *« Face à un fusil, que peut-on faire ? » La Guerre et la militarisation du secteur minier dans l'est du Congo*, Londres, Global Witness, juillet 2009.

International Alert, *Etude sur le rôle de l'exploitation des ressources naturelles dans l'alimentation et la perpétuation des crises de l'est de la RDC*, London, International Alert, 2009.

Jean-Claude Willame, octobre, *La Guerre du Kivu. Vue de la salle climatisée et de la véranda*, Bruxelles, Ed. GRIP, 2010.

Jean-Claude Willame, *Les "Faiseurs de paix" au Congo. Gestion d'une crise internationale dans un État sous tutelle*, Bruxelles, Ed. GRIP – Complexe, 2007.

John Frank Clark, *The failure of democracy in the Republic of Congo*, Colorado, Lynner Rienner Publushers, 2008.

Kabamba Mbwembwe Kabuya, *La R.D. Congo malade de sa classe politique. Les Coulisses du dialogue intercongolais (DIC)*, Paris, éd. L'Harmatttan, 2005, 147 pp.

Loehr, W. et Powelson, J.P., *Les Pièges du nouvel ordre économique international*, Paris, Ed. Economica, 1984.

Mbungu Nkandamana Joseph, *L'Indépendance du Congo belge et l'avènement de Lumumba. Témoignage d'un acteur politique*, Paris, Col. *« Congo-Zaïre – Histoire & Société »*, Ed. L'Harmattan, 2008.

Michela Wrong, *In the footsteps of Mr. Kurtz. Living on the brink of disaster in Mobutu's Congo*, New York, Ed. Perennial, 2001.

Mondonga M. Mokoli, *The transition towards democracy in post-1990 Zaire. Contradictions and dilemmas*, San Francisco – London, Ed. International Scholary Publications, 1997.

"*MONUSCO*", cf. Internet,

http://www.un.org/fr/peacekeeping/missions/monusco/background.shtml, consulté le 14 novembre 2013 à 11 heures 40 minutes.

Résolution 1258 (1999) du Conseil de sécurité de l'ONU

Rifai Ahmed, *De la pédagogie par objectifs à la pédagogie par compétences*, cf. Internet,

http://www.marocagreg.com/forum/sujet-de-la-pedagogie-par-objectifs-a-la-pedagogie-par-competences-6925.html, consulté le 30 octobre 2013 à 9 heures 53 minutes.

Samuel Solvit, *RDC : Rêve ou illusion ? Conflits et ressources naturelles en République démocratique du Congo*, Paris, Col. Etudes eurafricaines, Ed. L'Harmattan, 2009.

CHAPITRE III

L'étranglement de la diplomatie congolaise par les rapports des Nations unies sur les violations des droits de l'homme

Introduction

La Déclaration universelle des droits de l'homme stipule, à son article 1er, que *tous les hommes naissent égaux en droits, libertés et dignité.* Mais dans le cas de figure, c'est-à-dire celui de la République démocratique du Congo, les citoyens semblent être nés inégaux en droits et libertés. Ce sont ces inégalités que l'AFDL/APR justifiera combattre en 1996. Ce sont toujours elles que le RCD et le MLC prétendront voir éliminées par leur prise d'armes en 1998. Depuis 1996, le feu est mis à la poudrière pour consumer lesdits droits. Dans la région des Grands Lacs africains, de graves violations massives des droits de l'homme sont perpétrées par les autorités gouvernementales, les services de sécurité (armée et police), les services spéciaux (agences de renseignements) et les forces négatives (rébellions).

L'insuffisance et l'incapacité de s'autogouverner créent des conflits cycliques dont les grandes victimes sont la vérité, les droits de l'homme et les populations civiles. Il convient de noter au demeurant que la capacité d'autonuisance[1] constitue un handicap souvent occulté dans les questions du développement du Congo-Kinshasa. Elle se traduit la mal gouvernance, la corruption, la division, l'incompétence, le détournement des deniers publics à des fins personnelles et au détriment des intérêts des administrés, le népotisme, la gabegie et la courtisanerie[2]. C'est donc à la quête de la vérité que se lance l'ONU par le biais de son haut-commissariat des Nations unies aux droits de l'homme afin d'*isoler les acteurs et auteurs des quelconques exactions* quelle que soit la gravité. En 2010, le rapport du projet Mapping[3] sur les violations graves des droits de l'homme et du droit international humanitaire décrit les crimes odieux commis dans la période allant de mars 1993 à juin 2003 sur le territoire de la République démocratique du Congo. Depuis, la diplomatie congolaise gît dans une situation léthargique.

---

[1] Sanou Mbaye, *L'Afrique au secours de l'Afrique*, Paris, Les Éditions de l'Atelier – Éditions ouvrières, 2009, pp. 13 et 83.

[2] Ibidem.

[3] Haut-commissariat des Nations unies aux droits de l'homme, *République démocratique du Congo, 1993-2003. rapport du projet Mapping concernant les violations les plus graves des droits de l'homme et du droit international humanitaire commises entre mars 1993 et juin 2003 sur le territoire de la République démocratique du Congo*, Nations unies, New York – Genève, 2010, 562 pp, haut-commissariat des Nations unies aux droits de l'homme, *rapport du haut-commissaire des Nations unies aux droits de l'homme et rapports du haut-commissariat des Nations unies aux droits de l'homme et du Secrétaire général : rapport du haut-commissaire des Nations unies sur la situation des droits de l'homme et les activités du haut-commissariat en République démocratique du Congo*, A/HRC/10/58, Nations unies, New York, 2 avril 2009, 21 pp et Haut-Commissariat des Nations unies aux droits de l'homme, *rapport du haut-commissaire des Nations unies sur la situation des droits de l'homme et les activités du haut-commissariat en République démocratique du Congo*, A/HRC/13/63, Nations unies, New York, 28 janvier 2010, 19 pp.

1. L'état des lieux de la diplomatie congolaise

La diplomatie congolaise tâtonne et titube dans ses tentatives d'avancement. Depuis la fin de la bipolarité, la RDC vit pratiquement isolée diplomatiquement de ses partenaires traditionnels et privilégiés. La cause substantielle et majeure est la liquéfaction de l'État de droits. Les ruptures et reprises des relations diplomatiques culminent et incrustent l'instabilité diplomatique. Le rétablissement des relations diplomatiques avec certaines chancelleries occidentales ne vise pas celui de l'image prestigieuse de l'État. Il vise par contre la pérennisation du régime quel que soit le despotisme qui lui est reproché. La carte diplomatique de la RDC laisse apparaître trois zones diplomatiques. La première est celle de la diplomatie cohérente ; la seconde revêt une incohérence diplomatique et la troisième zone est celle de la diplomatie nulle.

1.1. La zone à diplomatie cohérente

Cette zone est composée des pays africains, et asiatiques ayant investi en RDC[1], surtout ceux de l'Afrique australe ayant participé à la Seconde Guerre congolaise ou contribué à la tenue des rounds de négociation, en s'alliant au gouvernement congolais. Dans cet ordre d'idées, l'on cite le Zimbabwe, la Zambie[2], la Namibie[1], l'Angola et la

---

[1] Notamment la Chine, avant la crise économique et grâce à la Convention de collaboration avec la RDC ; Convention dont elle a tiré de profits juteux dans le domaine minier. Suite à la non-application intégrale de ladite convention, elle s'est rétractée pour faire pression à la partie congolaise afin qu'elle respecte les clauses. L'on y ajoute l'Inde et le Pakistan.

[2] La République zambienne n'a jamais envoyé des troupes combattantes soutenir l'armée congolaise. Elle a plus contribué en abritant les cycles de négociations politiques conduisant à la signature du cessez-le-feu de Lusaka balisant le Dialogue intercongolais (DIC). Elle fait intervient militairement dans le cadre de la MONUSCO.

République d'Afrique du Sud[2]. Néanmoins, cette cohérence est aussi due à la faiblesse sécuritaire congolaise et sa passivité en la matière. Parce que les troupes loyales sont en risque de reddition devant l'ennemi, l'appareil diplomatique doit allégeance aux parrains africains.

1.2. La zone diplomatique incohérente

Dans cette catégorie, l'on classe les partenaires africains entretenant des relations *tendues* avec la RDC, notamment les agresseurs (Rwanda, Ouganda et Burundi) et le repli diplomatique tel qu'à l'égard de la Lybie). En effet, le climat diplomatique entre le Congo-Kinshasa et ses voisins de l'Est est teinté de suspicion suite aux questions sécuritaires non réglées et au pillage des ressources naturelles et autres formes des ressources de la RDC.

1.3. La zone à diplomatie nulle

Circonscrivant la zone à diplomatie nulle[3], l'on peut classer les grandes puissances occidentales ; par exemple les U.S.A, la Grande-Bretagne, la France, le Canada, etc. Dans cette zone, les rapports entre les gouvernements de la RDC et occidentaux sont tumultueux, tendus et réduits

---

1 Elle n'a pas envoyé les éléments des troupes, mais a servi de cadre de négociations préparatoires du DIC.

2 Elle a servi de cadre de la tenue du DIC et fait partie du CIAT. Sécuritairement, elle a formé certaines brigades de la police congolaise.

3 Le terme "nulle" que nous employons voudrait traduire l'absence d'effets escomptés du côté de la RDC ou simplement effets négatifs. Cette affirmation tient au fait que les puissances occidentales se gardent de soutenir le gouvernement congolais à cause, justement, de griefs formulés à son endroit et de ses relations avec les pays orientaux et voyous (Chine et Iran). Les indicateurs de vérification de cette assertion sont les visites officielles réduites, les aides et crédits refusés à la RDC, les visas non accordés aux ressortissants congolais, le peu d'entretiens avec les ambassadeurs.

sensiblement. Les questions de gouvernance, des droits de l'homme et droit international humanitaire, et de démocratisation des institutions sont les plus évoquées afin de mettre à la touche les dirigeants congolais. En outre, l'implication des leaders politiques et responsables politiques et militaires dans les conflits armés mine toute chance de relance de la diplomatie entre les partenaires. Dans l'autre paire manches, les visites des autorités politiques congolaises dans des capitales grandes occidentales sont sensiblement réduites.

2. Les enjeux du rapport du projet Mapping

Aucun rapport des Nations unies ne peut être publié sans poursuivre des objectifs précis. D'emblée, partant de son intitulé, le rapport cible la RDC et s'étend à d'autres pays. Il ressort donc que les enjeux sont nationaux et internationaux[1]. La concrétisation des enjeux produira des conséquences inéluctables. Ainsi, au plan national, relevons les enjeux suivants :

a. la justification anticipée des actions de reconfiguration politique et stratégique : il a été opéré une série des nouvelles mises en place politiques et militaires en République démocratique du Congo. Ces dernières se font selon que le besoin s'en fait sentir. Ces changements politiques et militaires déstabilisent politiquement et militairement le régime. Le point focal et corde de manipulation étant le non-respect des droits de l'homme et droit international humanitaire[2],

---

[1] La section IV du rapport Mapping, pp. 452 – 480, ébauche les *options d'une justice internationale pour la RDC.*

[2] Tel fut le schéma en 1989 dans le contexte de la démocratisation mettant fin au monopartisme et en 1996 sous la rébellion de Laurent Désiré Kabila faisant sonner les glas du régime despotique du maréchal Mobutu.

b. la dénonciation de l'incapacité des autorités congolaises à résoudre l'épineuse problématique sécuritaire sous toutes ses dimensions. En effet, l'insécurité est la cause de violations des droits de l'homme dans la partie orientale du pays,

c. la démobilisation des citoyens dans leur élan de participation à la réalisation des programmes gouvernementaux nationaux et provinciaux. Les Congolais sont désormais dressés contre les autorités. Les griefs formulés contre les autorités congolaises sont un appel de l'ONU à l'éveil de la conscience de la population,

d. la division du pays en deux zones dont les niveaux de sécurisation et respect des droits de l'homme sont inégaux. En fait, l'Est de la RDC est plus réputé en matière de viols, violences, tueries, exploitation illicite des ressources naturelles et enrôlement forcé des mineurs dans toutes sortes d'armées[1],

e. la dénonciation de la confusion entre les pouvoirs exécutif et judiciaire, car le premier interfère davantage dans les attributions du second. Des auteurs de violations graves des droits de l'homme sont mis en liberté sur instruction des autorités de l'exécutif ou des supérieurs militaires. L'inefficacité et la responsabilité de l'appareil judiciaire de la RDC sont décrites. La paupérisation du système économique a généré la corruption, bien ancrée dans les mentalités, qui aboutit au dysfonctionnement de la justice congolaise. Le manque d'outils pour diligenter une enquête, l'état d'esprit rongé par les conditions sociales des officiers inspecteurs, le complexe d'infériorité des juges par rapport à quelques accusés, en l'occurrence les protégés du pouvoir en place, représentent de réels problèmes qu'il est nécessaire de résoudre dans l'esprit d'une justice équitable[2] ;

---

[1] Outre les milices et mouvements politico-militaires, l'on déplore la présence des enfants dans les rangs de l'armée régulière congolaise.

[2] Lonsi Koko Gaspard-Hubert, *La République démocratique du Congo, un combat pour la survie*, Paris, Ed. L'Harmattan, 2011, pp. 65 – 66.

f. les rapports dressent une critique virulente à l'endroit des mandats du président et de toutes les institutions nationales. Cette entreprise se déroule à la veille de la seconde élection présidentielle et pendant l'exercice du pouvoir par le président. Dans la mesure où les élections se sont soldées par la proclamation d'un vainqueur sans pour autant lui imputer les violations des droits de l'homme dans la partie contrôlée par son gouvernement, l'invitation est la population à s'opposer à ses dirigeants et

g. la validation de la thèse du "génocide congolais". Depuis 1996 à ce jour, les données chiffrées relatives aux victimes tuées pendant les conflits armés sont controversées. Certaines sources indiquent quatre millions[1] de morts, tandis que d'autres[2] avancent sept à huit cent mille morts. Malgré la querelle sur la vérité relative aux chiffres, il importe que les auteurs répondent de leurs actes et que les victimes soient dédommagées.

Au niveau international, le rapport de 2010 avait voulu :

a.isoler diplomatiquement la RDC du reste du monde mais pas de la Chine et de l'Afrique tout entière. Cette stratégie s'est réalisée en étapes telles que l'établissement des conditions d'obtention d'aides économiques, d'allègement de la dette publique, de privation d'assistance financière à l'organisation des élections à tous les échelons, la réduction des relations diplomatiques bilatérales, etc.,

b.lancer des mandats d'arrêt internationaux contre les autorités politiques congolaises, rwandaises, ougandaises et burundaises en vue de mettre fin à l'impunité dans la région des Grands Lacs. Par ce moyen, l'ONU voudrait, par le biais de la CPI

---

[1] Le point de vue du gouvernement de la RDC.

[2] Contradictions avancées par les gouvernements du Rwanda et de l'Ouganda, voire certains gouvernements occidentaux pro-rwandais.

ou de toute autre juridiction, juger des criminels tels Laurent Nkunda Batware, Cobra Matata, Bosco Ntaganda[1],

c.confirmer la thèse du "double génocide rwandais" commis dans deux pays différents et par des auteurs rwandais appartenant à deux ethnies principales différentes[2] et

d.prouver qu'en violant les droits de l'homme, l'on perpètre aussi des crimes divers et de portée tant nationale qu'internationale. Les exploitants de minerais sont désormais identifiés et conscients des poursuites pesant sur eux. Le rapport a un effet domino et n'épargne ni les Congolais ni les étrangers.

3. La responsabilité des auteurs et acteurs : mythe ou réalité ?

Depuis 1996, le peuple congolais souffre de violations généralisées des droits de l'homme dues aux conflits armés. Par ailleurs, ces mêmes violations sont imputées aux désordres structurels et politiques nationaux[3]. Elles touchent les professionnels de médias, les défenseurs des droits de l'homme et toutes autres couches intellectuelles. Dans ce cas, les FARDC, la Police nationale, l'ANR, le Service de renseignement militaire et la Garde républicaine sont les acteurs remarquables notamment cités dans les rapports internationaux portant violation des droits de l'homme en RDC.

Le haut-commissariat de l'ONU aux droits de l'homme, le Conseil des droits de l'homme et le Bureau conjoint des Nations unies pour les droits de l'homme ont dressé de

---

1 Déjà arrêté par la CPI.

2 Nous y avons déjà consacré un chapitre sur le prisme identitaire.

3 Il n'est pas oublié les violations des droits de l'homme commises sous la seconde république et la longue transition. L'on insiste sur les crimes et violations des droits de l'homme enregistrés pendant la guerre et après les conflits armés. La raison fondamentale est la gravité de la situation et le nombre croissant desdites violations.

nombreuses recommandations au gouvernement de la RDC dont la mise en œuvre demeure impossible sinon balbutiante. L'exercice et la jouissance des droits de l'homme par le peuple congolais peinent à être effectifs. Le peuple congolais est sans sécurité dans toutes ses tentatives d'exercice des droits de l'homme élémentaires.

La motivation des résolutions 10/33 et 7/20 du Conseil de sécurité des Nations unies est la situation catastrophique des droits de l'homme, droits économiques et sociaux, et droit international humanitaire en RDC. Les organes de l'État se retrouvent en butte à la présence des individus-Etat qui privatisent la gestion des deniers publics. Il se forme, de connivence avec les alliés régionaux et internationaux, une toile des relations dans laquelle tous les droits d'un peuple sont violés.

Considérant des événements survenus en RDC et les conséquences qui en découlent, la responsabilité des auteurs et acteurs s'affirme politiquement, juridiquement et socio-économiquement. C'est ce qui justifie les récentes poursuites entamées par la Cour pénale internationale contre certains malfrats. Mais la non-rétroactivité des statuts de Rome créant la CPI empêche la poursuite des auteurs des infractions graves commises dans la période précédant sa création. Ces violations des droits inhérents à l'homme non réprimées rendent pérennes l'injustice et l'inégalité dans la société congolaise. En plus, les fonctions politiques et militaires exercées par certains criminels empêchent les poursuites grâce aux immunités juridictionnelles dont ils bénéficient. Il se crée un mutisme entre les appareils judiciaires national et international quant à leur arrestation.

4. La dynamique de la diplomatie congolaise à la lumière du rapport du projet Mapping

Depuis l'avènement de la troisième république, le gouvernement de la RDC a choisi de qualifier sa diplomatie comme celle du *"développement"*. Ce qualificatif sous-entend que toutes les actions diplomatiques doivent, in extremis, avoir pour conséquence le développement intégral du pays. Forte et utile est la combinaison des facteurs permettant la réalisation de cet objectif.

4.1. L'attitude du gouvernement congolais

Par le biais de son ministre de la Presse, Information, Communications et Médias[1], le gouvernement de la RDC prend acte du rapport, notamment de tous les rapports publiés par les organisations internationales non gouvernementales de défense des droits de l'homme. Cette prise d'acte peut avoir trois interprétations. *Dans la première*, l'on pense à une acceptation des faits lui imputés par le haut-commissariat des Nations unies aux droits de l'homme. À ce propos, la déclaration gouvernementale insinue un acquiescement, car "qui ne dit mot, consent", dit-on.

C'est par la suite que le même ministre estimera que le rapport était incomplet du fait qu'il ne ressort pas la vérité relative aux acteurs occidentaux commanditaires des conflits en RDC. En outre, le gouvernement congolais pense que ce rapport est un jugement et une condamnation établis par le haut-commissariat de l'ONU aux droits de l'homme.

La *seconde* interprétation juge que la réaction gouvernementale est le rejet de tout ou partie du rapport du fait de demander un complément d'information aux auteurs dudit rapport. Dans ce cas, la position congolaise est celle considérant la structure onusienne comme déstabilisatrice du pays par les publications des informations sensibles et alarmantes[2].

---

[1] Actuellement, ministère de la Communication, médias et nouvelle citoyenneté.

[2] À la fin du mois de juillet 2009, Global Witness, Human Rights Watch et la Fédération internationale des Ligues des droits de

La *troisième* acception est celle de l'indifférence, estimant que vrai ou faux, aucun État du monde ne peut s'estimer parfaitement respectueux et saint en matière des droits de l'homme. C'est un idéal auquel tout État aspire.

4.2. La dynamique de la diplomatie congolaise depuis 2010

Depuis la publication du rapport du projet Mapping, le gouvernement a affiché une prudence diplomatique afin de réorienter ses axes politique, diplomatique, sécuritaire et judiciaire. En rapport avec les reproches liés aux droits de l'homme, le gouvernement a inscrit la question à l'ordre du jour de ses séances de réunions hebdomadaires pendant plus d'une année. Cette attitude est affichée davantage à cause de l'assassinat du défenseur des droits de l'homme Floribert Chebeya, à Kinshasa le 2 juin 2010.

Le gouvernement congolais s'estime satisfait du contenu du rapport, lequel est rédigé de manière impersonnelle, imputant des faits dommageables aux parties étatiques et subnationales. Dans sa nouvelle dynamique et par le biais de son ambassadeur à l'ONU, le vœu émis est de mettre fin à l'impunité et dédommager les victimes.

Cette déclaration laisse voir le soutien manifeste et l'adhésion du gouvernement congolais à la démarche de l'ONU. La raison, parmi tant d'autres, serait que l'ONU a des moyens de répression difficiles à transcender ou contourner. Mais à l'opposé, les gouvernements des pays agresseurs estiment dangereux le rapport leur imputant des faits graves commis en République démocratique du Congo.

Dès lors, le gouvernement du Congo-Kinshasa peut saisir l'opportunité afin de poser les actions diplomatiques suivantes :

---

l'homme ont été qualifiés de "terroristes humanitaires" par le même ministre.

- *Exiger du Conseil de sécurité l'adoption d'une résolution devant permettre la poursuite des auteurs et coauteurs des violations des droits de l'homme.* Cette action diplomatique peut également lui exiger de commencer par l'ouverture des poursuites contre les infracteurs occupant des postes de responsabilité sur le plan national. Certes, cela serait profitable au gouvernement congolais dans la mesure où il s'engagerait résolument dans la voie de l'amélioration du respect des droits humains afin de redorer son image ternie par les reproches.

- *Exiger des pays agresseurs la réparation des préjudices subis par les populations congolaises.* Il faut, à ce sujet, indiquer que la Cour internationale de justice de l'ONU avait, dans le différend opposant l'Ouganda à la RDC, sur l'exploitation illégale des ressources naturelles congolaises, rendu un arrêt condamnant la partie ougandaise à payer des dommages et intérêts de 10 milliards de dollars américains à la RDC. Ce jugement attend d'être exécuté.

- *Recomposer diplomatiquement avec les puissances occidentales, partenaires traditionnels de la RDC.* Les relations diplomatiques suivent aussi le jeu pendulaire, c'est-à-dire elles sont tributaires de la marche du monde suite à l'harmonisation de vues idéologiques, politiques, économiques voire culturelles dominantes.

- *Accepter et œuvrer pour la création, par le Conseil de sécurité de l'ONU, d'un Tribunal pénal international pour la RDC.* Quelle que soit la difficulté d'un aboutissement heureux d'une telle initiative, à cause des effets ante-actifs de cette juridiction et de possibles jugements à titre posthume, l'impunité, les violations des droits de l'homme et celles du droit humanitaire ne peuvent être jugulées que grâce à la répression des présumés auteurs.

- *Reprendre son rôle de pôle fédérateur en Afrique centrale*[1]. Cette hypothèse postule en faveur de l'amélioration des facteurs sécuritaires et économiques internes en vue d'un leadership régional.

- *Développer une* ***diplomatie flexible****.* Celle-ci est un réajustement diplomatique par rapport aux enjeux régionaux et internationaux.

Conclusion

La République démocratique du Congo doit avoir une diplomatie fondée sur le principe de l'*anticipation diplomatique.* Celle-ci lui permettra de jouer un rôle prépondérant sur la scène africaine. Aussi grande est sa superficie, aussi grande doit être sa puissance diplomatique. La diplomatie anticipative doit imaginative, créative pour lutter contre les maux qui risquent de miner les projets et relations capables de créer la paix, la croissance et le développement. Elle devra accorder une importance aussi particulière aux questions des droits de l'homme et de droit international humanitaire pour hisser le pays, sinon le régime en place, au rang de ceux défendant et respectant ces droits.

En outre, la diplomatie anticipatrice peut conduire un État à développer un comportement défensif ou offensif. Elle est donc préventive et globale. Elle défend ses intérêts en ne cherchant pas à s'enfermer dans un carcan idéologique. Les diplomates doivent comprendre cette nécessité. Il est plus que temps que la gâchette du revolver, la RDC – cette gâchette du revolver selon Frantz Fanon, - joue pleinement son rôle ; ce qui lui permettra d'être une puissance régionale et un État de droit.

---

1 *Nous avons déjà insisté sur cette proposition afin de mettre en exergue l'importance de la mission naturellement attribuée au Congo-Kinshasa.*

Bibliographie du chapitre III

Haut-commissariat des Nations unies aux droits de l'homme, *République démocratique du Congo, 1993-2003. rapport du projet Mapping concernant les violations les plus graves des droits de l'homme et du droit international humanitaire commises entre mars 1993 et juin 2003 sur le territoire de la République démocratique du Congo*, Nations unies, New York – Genève, 2010.

Haut-commissariat des Nations unies aux droits de l'homme, *rapport du haut-commissaire des Nations unies aux droits de l'homme et rapports du haut-commissariat des Nations unies aux droits de l'homme et du Secrétaire général : rapport du haut-commissaire des Nations unies sur la situation des droits de l'homme et les activités du haut-commissariat en République démocratique du Congo*, A/HRC/10/58, Nations unies, New York, 2 avril 2009.

Haut-Commissariat des Nations unies aux droits de l'homme, *rapport du haut-commissaire des Nations unies sur la situation des droits de l'homme et les activités du haut-commissariat en République démocratique du Congo*, A/HRC/13/63, Nations unies, New York, 28 janvier 2010.

Lonsi Koko Gaspard-Hubert, *La République démocratique du Congo, un combat pour la survie*, Paris, Ed. L'Harmattan, 2011.

Sanou Mbaye, *L'Afrique au secours de l'Afrique*, Paris, Les Editions de l'Atelier – Editions ouvrières, 2009.

CHAPITRE IV

Régionalisme et coopération bilatérale Sud – Sud à géométrie variable : Objections contre le principe "Gagnant –Gagnant" dans la coopération sino-congolaise

Introduction

Il est curieux de constater que le rapport de l'OCDE 2010 sur la production d'acier par les pays non membres de cette organisation n'indique pas la République démocratique du Congo, quant à ce qui est de la région d'Afrique[1]. Les pays du Sud connaissent, depuis plus de 20 ans, un développement à géométrie variable justifiée par les investissements directs étrangers (IDE) opérés dans la même la logique. La situation interne et internationale que certains États sous-développés ont connue pendant la guerre froide ne leur a pas permis de s'insérer dans le jeu économique mondiale suite à des niveaux d'avancement différents les uns des autres. La construction de blocs idéologiques, celle de la vitrine du capitalisme en Asie du Sud-est ; les dictatures émergentes d'Amérique latine et d'Afrique subsaharienne sont autant de facteurs ayant influé

[1] Lire Organisation pour la coopération et le développement économique, *Les Capacités de production d'acier dans les économies non membres de l'OCDE*, Paris, OCDE, 2010, pp. 651.

sur l'implantation asymétrique des firmes multinationales (FMN). Leur concentration dans un pôle régional impacte les mouvements des exportations et importations. L'engouement engendre des zones dites "émergentes"[1] du fait d'un "nouveau modèle de développement qui repose sur des politiques économiques néolibérales et des accords régionaux d'intégration dits "ouverts"[2]. Ces politiques, tout droit sorties du "consensus de Washington"[3] dont le but final était la réinsertion des économies dans le marché international, ont donné lieu à l'ouverture unilatérale des marchés, à une course à la privatisation d'entreprises publiques, à la déréglementation et libéralisation des activités économiques, à des politiques macro-économiques stabilisatrices pour capter l'investissement direct à l'étranger (IDE) et à une profonde réforme de l'État[4].

C'est au niveau des réformes étatiques que la République démocratique du Congo a connu un blocage dû à l'absence de volonté politique des dirigeants politiques. Aussi la variabilité de la géométrie entre la Chine et la R.D. Congo s'affiche sur le plan politique, économique et militaire. La partie chinoise affichant une avance considérable par rapport à son partenaire d'Afrique subsaharienne.

---

1 Christian Sautter, "La Découverte des pays émergents", *Commentaire*, n° 76, hiver 1996-97.

2 Cepal, *"El regionalismo abierto en América Latina y el Caribe"*, Santiago de Chili, 1994, cité par Santander, S., *"Entre globalisation et régionalisme : la stratégie de coopération interrégionale Union européenne-Mercosur"*, p. 525, cf. *Internet*, http://www.afri-ct.orgIM Gpdfsantander2001.pdf

3 John Williamson, *Latin American Adjustment: How Much Has Happened ?*, Institute for international economics, Washington, 1990, cité par Santander, S., *Entre Globalisation et régionalisme : La stratégie de coopération interrégionale Union européenne-MERCOSUR*, p. 525.

4 Eduardo Gana, "Los cambios estructurales en la integración latinoamericana y caribeña", in *Pensamiento Ibero-Americano*, n° 26, Juillet - Décembre 1994, p. 67.

Le régionalisme se présente comme une étape vers la mondialisation. Il facilite la conclusion d'accords bilatéraux faisant exception au principe de la nation la plus favorisée pour permettre aux pays du Sud d'accélérer le processus de développement grâce à la maximisation de recettes d'exportation. Mais politiquement considérée, la conclusion d'accords commerciaux en cascade, pour un pays immense en perte d'autorité étatique, conduit à l'installation de la dictature, sinon du colonialisme, du moins de la partie disposant des capitaux. N'en est-il pas ainsi du Congo-Kinshasa qui par *son immensité, par sa situation géographique comme carrefour des différentes régions d'Afrique subsaharienne, et en l'absence de tout contrôle étatique efficace, la RDC est à la fois une passerelle et un sanctuaire pouvant offrir aux groupes mafieux et terroristes des facilités logistiques étendues : Commerce illicite des matières premières, carrefour d'intérêts économiques et énergétiques des pays de tous bords Afrique-Europe-Amérique-Asie, trafic de drogue ; la traite des humains, zone potentielle de ravitaillement pour les organisations maffieuses et terroristes, espace d'acheminement de combattants, de fonds et d'armes vers différents théâtres de conflits, etc.*[1] ?

Le 22 avril 2008, à Beijing, la République démocratique du Congo signait une convention de collaboration avec *le Groupement d'entreprises chinoises : China Railway Group Limited et Sinohydro Corporation relative au développement d'un projet minier et d'un projet d'infrastructures en République démocratique du Congo.* Intervenant deux ans après l'organisation des élections multipartites de 2006, cette convention entrait en ligne directe avec le programme politique du président Kabila Kabange Joseph en vue de concrétiser le taux de croissance annuelle d'au moins 6 % promis lors de sa campagne. Avec un budget national chiffré à plus de 4 milliards de dollars américains, le gouvernement

---

1 Congo Forum, *"La RDC otage des enjeux géostratégiques"*, cf. *Internet*, http://www.congoforum.be/upldocs/Enjeux.pdf, p. 2.

devait *essentiellement* compter sur l'exportation de minerais afin de réaliser son programme national. Mais cette croissance ne dépassera pas 2 % à cause de la crise économique mondiale.

C'est dans cette optique qu'à la suite convention entre les parties ouvre la voie à une floraison d'entreprises chinoises de toute dimension opérant d'abord et avant tout dans le domaine minier, car "la Gécamines, société belge, qui produisait 500 000 tonnes de cuivre dans les années 1970 n'en produit plus officiellement que 17 000 tonnes. Elle a sombré pour un *far west* minier où sont présentes les firmes européennes, congolaises et asiatiques. L'essentiel des exportations est clandestin. La Chine importe officiellement 10 fois plus de cuivre de RDC que celle-ci n'en exporte selon les statistiques officielles. La valeur des exportations a fortement chuté"[1]. La Chine absorbe ainsi 47 %, soit près de la moitié de toutes les exportations annuelles de la RDC[2].

Les disparités constatées dans les recettes d'exportations des produits miniers entre les partenaires, le blocage du décollage des entreprises minières congolaises... remettent en cause la logique de la coopération *"gagnant-gagnant"*. Outre l'introduction et la conclusion, cette réflexion comportera les points suivants : Premièrement, nous irons aux origines de la Chine en République démocratique du Congo ; deuxièmement, l'on montrera la chute de la croissance économique congolaise.

En troisième lieu, nous répondrons à la question : Chine – R.D.Congo : quels partenaires et privilèges ? afin d'expliquer la structure des échanges commerciaux entre la

---

[1] Hugon, P., "Afrique subsaharienne. Une Afrique emportée par la crise mondiale", in Boniface, P. (sous la direction de), *L'Année stratégique. Stratéco : analyse des enjeux internationaux*, Paris, Dalloz - IRIS, 2009, p. 348.

[2] Ambassade de France en République démocratique du Congo - Service économique, *Présence chinoise en RDC*, Kinshasa, le 25 juillet 2011.

Chine et la République démocratique du Congo au quatrième point. Le cinquième point sera axé sur critiques de la coopération dite "*gagnant – gagnant*".

1. Aux origines de la présence chinoise en R.D.Congo

Depuis les années 1970, la Chine coopère avec la R.D.C. dans le secteur de la santé et l'agriculture. La partie chinoise a érigé le Palais du Peuple[1] et le stade de Martyrs. Depuis l'établissement des relations diplomatiques en 1992, la Chine et la RDC ont approfondi les relations politiques, économiques, commerciales, culturelles, etc. En 1992, le volume commercial était inférieur à 5 milliards de dollars, et le chiffre atteignait 134,3 milliards de dollars en 2006. Aujourd'hui, la Chine est devenue le plus grand pays partenaire commercial et d'importation de la RDC. La RDC a investi un total de 34,9 milliards de dollars en Chine fin 2006 contre 0,2 milliard en 1992. La Chine est le premier pays destinataire de l'investissement de la RDC[2]. Ces échanges ont sérieusement décru après la signature de la convention de 2008 pour des raisons faisant l'objet du point suivant.

2. La chute de la croissance économique congolaise

En 2007, les prévisions macroéconomiques tablaient sur un taux de croissance annuelle de 6,5 %. Paradoxalement, la profonde décrue de l'économie mondiale influera sur les perspectives congolaises. Quatre canaux principaux expliquent cette situation :

---

1 *Siège du Parlement national*

2 Lire, à ce propos, l'article détaillé *"Commerce Chine-RDC : 200 milliards de dollars en 2012"*, cf. *Internet*, http://french.peopledaily.com.cn/Economie/6216059.html et http://www.french.xinhuanet.com/french/2007-07/14/content_457454.htm consulté le 4 mars 2014 à 10 heures 25 minutes.

2.1.Le canal commercial et productif

L'accroissement rapide de la valeur totale des biens et services exportés par la République démocratique du Congo a brutalement pris fin en 2008 au lendemain de la crise mondiale. La contraction des exportations est une caractéristique de l'économie congolaise du fait de dépendre lourdement d'un petit éventail de produits de base, lesquels offrent un faible avantage comparatif.

La République démocratique du Congo a été fortement touchée par la crise alimentaire et la crise économique et financière. La chute de l'activité économique mondiale en 2008/2009 a radicalement assombri les perspectives économiques du pays avec à la fois : i) une forte chute de la croissance économique (2,9 % réalisés en 2009 contre une prévision initiale de 10 %), ii) une forte baisse des exportations (-45 %), iii) une forte réduction des investissements directs étrangers (USD 800 millions réalisés en 2009 contre une prévision de USD 2,5 milliards), iv) une forte détérioration des termes d'échange (-23 %), v) une diminution drastique des réserves internationales (moins de 2 jours d'importations couvertes en mars 2009), vi) une forte dépréciation de la monnaie nationale, et par conséquent, vii) une explosion de l'inflation (53,44 % en taux réel contre une prévision initiale de 8 %)[1].

---

[1] Prévisions du FMI en 2008, données du FMI en 2009 et 2010.

Tableau 1. République démocratique du Congo : Composition des exportations de produits de base, 2006–08

	2006	2007	2008
Total exportations, f. à. b.	2.931	6.143	6.585
Dont : exportations parallèles	221	248	207
Volume (2002 = 100)	139	243	233
Valeur unitaire (2002 = 100)	197	235	263
Cuivre	869	2.040	2.333
Volume (milliers de tonnes)	123	279	335
Valeur unitaire ($EU/la tonne)	7.072	7.132	6.963
Cobalt	373	2.310	2.523
Volume (milliers de tonnes)	11	36	42
Valeur unitaire ($ EU/la tonne)	34.385	64.586	59.415

Sources : Autorités congolaises et estimations des services du FMI, in rapport du FMI, no 10/11, 2009, p. 29.

2.2. Le canal financier

L'économie congolaise a été directement impactée par la crise financière mondiale. Le marché financier est inexistant et le marché monétaire très limité. Suite à la crise de 2008, les flux des capitaux privés ont baissé. L'année 2009 a enregistré plusieurs entreprises minières chinoises fermées pour rapatrier les capitaux. Il en résulte une diminution de transferts des migrants chinois et la chute des investissements directs occidentaux. Paradoxalement, l'on enregistre l'augmentation des dons chinois à la République démocratique du Congo sous forme d'aide publique au développement (APD).

2.3. L'instabilité des prix

Avant le 3 juillet 2008, la tonne de cuivre coûtait 8 980 $. Ce cours chute le 3 juillet 2008 jusqu'à atteindre 3 406 $/tonne. La conséquence est la diminution brutale des revenus que les gouvernements du Sud tirent des exportations et retour des difficultés de remboursement de la dette publique[1]. L'économie congolaise dépend largement des prix pétroliers, agricoles et alimentaires, et même des cours mondiaux des produits de base, notamment le cuivre, le cobalt, etc. La volatilité des prix et de la monnaie "rendant impossible toute prévision et privilégiant ainsi des comportements court-termistes"[2] a fait fonctionner le pays avec le crédit provisoire pendant près d'une année.

De plus, le coût du remboursement de la dette publique congolaise a augmenté pour deux raisons.

a. La plupart des dettes sont libellées en dollar, qui a gagné en valeur par rapport aux autres monnaies depuis juillet 2008. Pour se procurer les dollars nécessaires au remboursement de la dette, les gouvernements du Sud doivent débourser plus de monnaie nationale qu'auparavant.

b. Les primes de risque payées par les pays en développement pour emprunter ont fortement augmenté depuis juillet 2008. Pour faire face à la situation, les gouvernements des pays en développement ont dû puiser dans leurs réserves de change[3].

---

1 Millet, D. et Toussaint, E., *Les Chiffres de la dette 2009*, CADTM, 2009, p. 19.

2 Hugon, P., *Art. Cit.*, p. 345.

3 Millet, D. et Toussaint, E., *Op. Cit.*, p. 19.

2.4. Les bases juridiques asymétriques décriées enfin par la partie congolaise exigeant entre autres la révision de la Convention de collaboration signée en 2008[1].

La *Convention de collaboration* de 2008 crée un *joint-venture* à contribution asymétrique. D'abord, le chiffre d'affaires est composé de capitaux chinois, ensuite, le processus de traitement des produits miniers impose l'exportation des minerais congolais vers la Chine, et enfin les imprécisions sur l'échange des technologies sont autant de bases peu solides laissant planer une asymétrie juridique.

Il est évident que la non-conditionnalité politique (*no strings attached*) et le discours gagnant-gagnant des Chinois sont de la musique aux oreilles des gouvernements africains au pouvoir, qui pouvant présenter à la population des cas de progrès tangibles, et les coûts de ce choix sont peu visibles. Mais il serait faux de réduire la critique africaine portant sur cette politique de conditionnalité à des visées purement opportunistes[2].

3. Chine – R.D.C. : Quels partenaires et privilèges ?

Une remise en cause s'impose sur le poids de partenaires. *Premièrement,* lorsque l'économie américaine connait un second essoufflement important en 2000[3], la Chine émerge sur le plan économique. Elle conforte sa position en IDE, industrie lourde et renforcement de sa capacité

---

1 C'est le point de vue des députés nationaux en 2009 et du président de la République lui-même lors de la conférence tenue devant la crème intellectuelle du Katanga à Kalubwe Lodge (Lubumbashi), samedi, 20 novembre 2010. Le Chef de l'Etat réclame la revisitation du contrat sino-congolais car n'ayant pas produit le résultat escompté.

2 Marysse, S. et *Geenen, S., Les Contrats chinois en RDC : l'impérialisme rouge en marche ?* p. 306.

3 *Essoufflement dû à l'engagement des USA dans la seconde guerre du Golfe.*

technologique. Son taux annuel de croissance économique est d'au moins 12 %. Près de dix ans plus tard, en 2007, la crise économique mondiale plonge les économies nationales dans la tourmente. Face à ces deux booms, la R.D. Congo sombre davantage du fait d'avoir entamé une guerre-rébellion dite "*de libération*" en 1996. Celle-ci s'est transformée, depuis 1998[1], en contre-rébellion et "*re-libération*" faisant presque entièrement fulminer l'État[2].

Deuxièmement, l'accord sino-congolais ne met pas en place une étape d'intégration économie pour le respect des règles du commerce international ou un régionalisme (bilatéral) dérogeant au principe de la nation la plus favorisée. Il se contente de définir les conditions d'exploitation des minerais et de leur exportation vers la Chine, d'une part, et d'autre part celles de faire bénéficier au Congo quelques capitaux "*sandwich*" en vue d'exécuter certains ouvrages[3].

Troisièmement, "la chute des prix de pétrole et des minéraux pendant la crise mondiale 2008-2009, associée à une chute plus importante des volumes des exportations, ont conduit à un déficit record"[4] pour les deux États.

Le *quatrième* constat-critique est que le contrat, à l'article 21, permet à la loi chinoise d'être le droit applicable sur le lieu de l'exécution dudit contrat. Cette clause explique le non-respect des lois congolaises depuis la mise en application de la convention de collaboration entre les deux partenaires. Pour une durée de 30 ans d'exécution du

---

1 *Considérez ici l'apparition du Rassemblement congolais pour la démocratie (R.C.D.) sous toutes ses formes, le Congrès national pour la démocratie et le progrès (C.N.D.P.) et le Mouvement du 23 mars (M23) provenant de l'Est, et le Mouvement de libération du Congo (M.L.C.) provenant du Nord-Ouest.*

2 Sur le conflit congolais, les deux premiers chapitres donnent assez de lumière.

3 *Notamment les points et chaussées.*

4 Organisation mondiale du commerce, *Accès aux marchés pour les produits et services dont l'exportation présente un intérêt pour les pays les moins avancés*, Genève, World Trade Organization, 2010, p. 24.

contrat, la souveraineté, mieux l'existence, de la R.D. Congo ne pourraient que s'effriter.

En *cinquième lieu*, la partie congolaise est engagée par *Monsieur Pierre Lumbi Okongo* dont la qualité n'est pas indiquée. De même du côté de la Chine, les représentants sont *vidés* de leurs qualités. Juridiquement, l'imprécision de la qualité des contractants, censés engager les États, annule le contrat.

Sixièmement, la Chine présente son discours continental d'une relation gagnant-gagnant comme la stratégie de développement pour la reconstruction de la RDC. Paradoxalement, l'approche de Pékin est clairement fondée sur le slogan néolibéral "commerce, oui ; aide, non"[1]. Le moteur du développement est censé être le commerce, et non l'aide, comme l'a déclaré l'ambassadeur de Chine à Kinshasa au cours de sa première conférence de presse : "*Nous allons mettre un accent particulier sur le domaine économique et commercial pendant notre mandat dans la mesure où nous entretenons déjà des relations politiques excellentes*"[2].

4. Structure des échanges commerciaux entre la Chine et la République démocratique du Congo

4.1. Commerce sino-congolais ou imprécision sur le formel ?

La structure du commerce entre la Chine et la R.D. Congo n'affiche pas une complémentarité. Sur le plan des importations chinoises des matières premières énergétiques, la R.D. Congo n'est plus le partenaire important de la Chine depuis que la crise économique mondiale avait atteint le pic pendant la période 2008-2010.

---

1 *"Trade not aid"*,...

2 Thierry Vircoulon, "Stratégies chinoises de survie à Kinshasa, République démocratique du Congo", in *Repenser l'indépendance : la R.D. Congo 50 ans plus tard* - Actes du colloque du cinquantenaire, *Pole Institute*, 2010, p. 65.

Les échanges bilatéraux entre l'Afrique et la Chine augmentent rapidement. Entre 2001 et 2006, les exportations de l'Afrique vers la Chine et ses importations provenant de ce pays se sont accrues en moyenne de plus de 40 % et 35 % respectivement, soit nettement plus que le taux de croissance du commerce mondial (14 %) ou les prix des produits de base (18 %). En dollars, les importations et les exportations sont passées de 5 milliards environ à plus de 55 milliards. La Chine est aujourd'hui le troisième partenaire commercial de l'Afrique après les États-Unis et l'Union européenne. Sa part dans la croissance annuelle des exportations africaines a presque doublé depuis 2000[1].

Dans la présentation des exportations de minerais, les services douaniers, d'évaluation des matières premières d'origine minière et ceux de contrôle des imports et exports affichent une remarquable faiblesse dans la collecte de données. Les exportations chinoises sont demeurées presque opaques pendant plusieurs années[2]. Trois entreprises non chinoises ont déclaré leurs exportations de 2006 à 2011[3].

Entre 2008 et 2010 – avant le prononcé du discours du président de la République démocratique du Congo devant la crème intellectuelle du Katanga – aussi sous l'effet de la crise économique mondiale, les entreprises minières extractives des minerais basées au Katanga ferment leurs portes. Elles sont vendues soit aux investisseurs occidentaux soit aux Sud-Africains. En 2012, de la centaine d'entreprises minières, l'on a recensé trente-deux (32) entreprises minières en productrion, y compris l'ancienne

---

[1] Jian-Ye Wang et Abdoulaye Bio-Tchané *"Afrique–Chine : des liens Comment tirer le meilleur parti de l'engagement économique croissant de la Chine en Afrique"*, in **Finances & Développement,** mars 2008, p. 44.

[2] *Ce qui reflète l'esprit de la Convention de collaboration entre la R.D. Congo et le Consortium des entreprises chinoises.*

[3] Notamment Mutanda Mining (MUMI), Kamoto Copper Company (KCC) et Tenke Fungurume Mining. (TFM).

Gécamines[1]. Ces statistiques reprennent des entreprises dont l'objet social ne consiste qu'en un traitement des minerais dont elles ne sont pas extractrices ou encore celui du terril.

En janvier 2013, lors de la tenue de la conférence sur la gouvernance et la transparence dans le secteur minier à Lubumbashi, le président Kabila affirmait que dix ans après la mise en œuvre de la politique minière, "force est de constater un attrait significatif des investissements évalués aujourd'hui à un peu plus de 15 milliards de dollars américains, une production croissante, dont celle du cuivre, qui est passée de 19.000 tonnes en 2002, remontée à 212 en 2007, pour atteindre 3000 en 2012, ainsi qu'une contribution importante du secteur minier au produit national brut de 25 %"[2]. Mais le tableau 2 ci-dessous *quasiment* contraste avec la pensée du chef de l'État congolais du fait de la tenue régulière des livres statistiques des Services nationaux de contrôle des importations et exportations.

---

1 Mubenga Marcel, *"285.000 dollars américains, appui du gouvernement congolais à l'ITIE – RDC"*, in Horizon Mines Magazine, n° 00, juillet 2012, p. 18. Mais Kasongo Lumbala Emile, *"Les minières du Katanga affichent une santé de fer"*, in Horizon Mines Magazine, n° 00, juillet 2012, p. 49 présente un tableau de plus de 40 entreprises. Certaines entreprises sont reprises doublement en raison de leur aspect de vente locale des produits.

2 Extrait du discours du président Kabila Kabange Joseph à la conférence sur la gouvernance et la transparence dans le secteur minier à Lubumbashi repris par Kanyenya Ilunga Lynx Hubert, *"Mines : gouvernance, transparence !"*, in *Liberté*, n° 001, février 2013, p. 9.

Tableau 2 : Exportations 2010 et 2011[1]

Total général pour trois entreprises MUMI, KCC et TFM 2010		
Colis	***Poids net***	***Valeur FOB***
302 675 724	89 115 562	633 811 119,03
Total général pour trois entreprises MUMI, KCC et TFM 2011		
Colis	***Poids net***	***Valeur FOB***
124 794,00	162 263 763,00	609 208 490,35
110 766,00	142 116 114,00	492 365 096,16
97 655,00	129 760 897,00	2 882 490 512,81
333 215,00	434 140 774,00	3 984 064 099,32

***Source** : Etablie par nous sur base des données OCC-Kat.*

4.2. De la destination des minerais extraits par les entreprises minières

De l'ensemble des exportations officiellement déclarées aux services publics en charge de contrôle import-export, il ressort que la République sud-africaine et la Zambie demeurent les destinataires importants des minerais congolais, tandis que Chine occupe la troisième position avec 27.524.051 kg de minerais pour une valeur de 30.730.966,24 dollars américains). Quant à la Belgique, elle tient la quatrième place en important 11.990.352,91 kg de

[1] ***Minerais exportés*** : concentrés oxydes de cuivre et cobalt, feuille de cuivre, cuivre cathodique, cuivre cathodique et décuivrage, concentrés cupro-cobaltifère, concentrés de cobalt, hydroxyde de cobalt, nodule de cuivre, cathode de cuivre, concentré oxydes de cuivre et cobalt, cobalt cathodique en plaquette, cathode de cuivre commercial, cobalt électrolytique, concentré de cuivre,

toutes sortes de minerais faisant 11.951.065,05 dollars américains)[1].

5. Critiques du partenariat dit "Gagnant – Gagnant"

a. Le contrat sino-congolais n'a pas montré "cependant les limites de cette informalisation et la volonté chinoise d'insérer la RDC dans un plan d'ensemble pour l'approvisionnement plus ordonné et structuré en matières premières"[2] comme le pensaient Marysse et Geenen. Les matières premières de la R.D. Congo sont quasiment exportées sans être enregistrées par les services de l'État commis à cette tâche. Le plan de "modernisation des mines concomitant à un financement des grands axes d'évacuation de ces matières premières"[3] a été une stratégie chinoise de récupérer les finances libérées[4].

b. La RDC est devenue un pays important pour l'approvisionnement en matières premières et le fait que ces secteurs sont presque tout à fait à caractère informel n'a pas empêché la Chine de s'y intéresser[5].

c. L'énorme coût du *"sautage ?"* du secteur routier de la République démocratique du Congo par la Chine a conduit à une augmentation brutale des dettes publique et privée et au besoin de son refinancement. La crise de la dette a entraîné une réduction des rentrées fiscales.

---

1 Tablant sur le contrat signé entre la R.D. Congo et la Chine comme base de la coopération bilatérale, la conclusion chiffrée est dubitative quant au rang occupé par le financier du partenariat, à savoir la Chine.

2 Marysse, S. et Geenen, S., *Op. Cit.*, p. 302.

3 *Ibidem.*

4 Le contrat signé par les deux Etats donnait priorité à la partie chinoise d'apporter des entreprises de construction routière si la RDC n'a disposait pas. Ainsi les routes servant à l'évacuation des minerais extraits au Katanga ont été reconstruites par l'entreprise chinoise China Railway Engineering Corporation (CREC). Depuis 2011, les travaux sont suspendus.

5 Marysse, S. et Geenen, S., *Op. Cit.*, p. 302.

d. Le partenariat sino-congolais aura ouvert la voie à la création de quelques entreprises minières privées, par les nationaux congolais, dont la taille dépasse celle des entreprises chinoises en perpétuelle décadence. La conditionnalité de l'aide chinoise accorde la priorité aux entreprises chinoises de sous-traiter avec le consortium pour exécuter les différents projets liés à la convention.

e. L'entrée de la Chine dans la récession, donc dans la crise économique mondiale de l'été 2007, la baisse de cours des minerais et les revendications internes d'ordre socioéconomique contraindront les investisseurs chinois œuvrant dans le secteur minier de se retirer de la R.D. Congo en vendant tout ou partie de leurs parts soit aux opérateurs congolais soit aux investisseurs sud-africains. Le contrat aura favorisé la création de sociétés minières d'une durée de cinq ans. Concomitamment, la construction des infrastructures routières[1] sera suspendue faute de moyens de compensation.

f. À proprement parler, la convention de collaboration entre les deux partenaires ne précise pas le taux de remboursement des prêts reçus de la Chine sur les 100 pour cent de fonds. En effet, si le taux d'intérêt n'est pas clairement déterminé, mais l'article 12 dispose que la *totalité des bénéfices du joint-venture sera affectée au remboursement complet des investissements miniers, y compris le paiement des intérêts du Groupement d'entreprises chinoises.* Et pourtant, ledit projet minier n'est financé qu'à 30 % du total de l'enveloppe *sous forme de prêt d'actionnaire.* En appliquant le taux d'intérêt de 6,1 % sur les 70 % restants, la partie chinoise est la plus gagnante par rapport à la R.D.C. Considérant que les produits miniers extraits du sous-sol congolais sont exportés vers la Chine, laquelle en fait le traitement, il y a lieu de conclure que la valeur ajoutée en tirée profite plus à la Chine.

---

[1] Celle-ci était assurée par l'entreprise chinoise CREG.

g. La convention crée un nouveau code des investissements chinois en République démocratique du Congo. L'article 21 précise que le droit applicable est celui du lieu de la conclusion de l'acte. Dès lors, le droit d'un pays tiers se voit attribuer une force juridique dans une matière n'ayant pas d'éléments d'extranéité. En outre, elle met les entreprises chinoises à l'abri des poursuites contre les violations des droits de l'homme[1].

---

[1] *"China Railway Engineering Corporation"*, cf. *Internet*, http://fr.wikipedia.org/wiki/China_Railway_Engineering_Corporation, consulté le 4 mars 2014, à 10 heures 4 minutes. En 2010, l'Association africaine de défense des droits de l'Homme (Asadho) dénonce des conditions de travail « inacceptables » dans l'entreprise :

- *« Absence de contrat de travail, »*
- *« Non-respect des heures de travail, »*
- *« Paiement des salaires à un taux inférieur au taux officiel, »*
- [2]*« Licenciements abusifs, »*
- *« Absence de mesures de sécurité, »*
- *« Faible prise en charge médicale. »*

Tableau 3 : Entreprises minières opérant au Katanga[1]

N°	*Entreprises*	*Nature juridique*
1	**La Générale des carrières et des mines "GECAMINES"**	La Gécamines est une entreprise publique spécialisée dans l'exploitation des métaux de base tels que le cuivre, le cobalt, le zinc et d'autres métaux associés.
2	**Société de développement industriel et minier au Congo "SODIMICO"**	La SODIMICO est une entreprise publique spécialisée également dans l'exploitation du cuivre.
3	**Entreprise minière Kisenge Manganèse " EMK-Mn"**	" KISENGE MANGANESE est une entreprise publique spécialisée dans l'exploitation de manganèse.
4	**Congo - Étain**	CONGO-ETAIN est une société d'économie mixte (50 % État Congolais et 50 % Géomines) spécialisée dans l'exploitation de la cassitérite et des minerais associés. Géomines, partenaire de l'État, a été déclaré en faillite et dissoute. Par conséquent, CONGO-ETAIN est devenu de fait une Entreprise Publique. Ses activités sont actuellement en veilleuse en attendant de nouveaux investissements.
5	**Compagnie minière de Sakania "COMISA SPRL"**	COMISA SPRL est une société privée qui a pour objet social l'exploitation du cuivre.
6	**Mine d'or de Kisenge "MDDK"**	MDDK est un joint-venture entre l'Entreprise Minière de Kisenge Manganèse (20 %) et Cluff Mining (80 %) dont l'objet social est la recherche d'exploitation de l'or.

[1] Le tableau reprend les informations fournies par le Ministère national congolais des Mines à la date du 26 août 2013.

7	**Société de Traitement du Terril de Lubumbashi "STL"**	STL[1] est actuellement un joint-venture entre la Gécamines et le Groupe Forest. Elle produit, à partir de la scorie de la Gécamines, l'alliage cuivre, cobalt, fer. Le raffinage peut permettre l'extraction du zinc et du germanium[2].
8	**Société minière Luiswishi "SML"**	SML est un joint-venture entre Gécamines (50 %) et Forrest (50 %) dont l'objet social est l'exploitation de cuivre et du cobalt.
9	**Kababankola Mining Company "KMC"**	KMC est un joint-venture entre la Gécamines (20 %) et Tremalt (80 %) dont l'objet social est l'exploitation de cuivre et de cobalt.
10	**Tenke Fungurume Mining "TFM"**	TFM est un joint-venture entre la Gécamines (45 %) et Lundin (55 %) dont l'objet social est l'exploitation de cuivre et de cobalt.
11	**ANVIL MINING-CONGO**	ANVIL MINING-CONGO SARL est une société privée dont l'objet social est l'exploitation du cuivre et des métaux associés (argent).

Source : établie par nous sur base des informations tirées sur le site du ministère des Mines de la R.D. Congo, cf. Internet, http://mines-rdc.cd/fr/index.php?option=com_content&view=article&id=53, consulté le 26 août 2013 à 14 heures.

[1] *En octobre 2002, le rapport du Panel de l'Organisation des Nations unies sur l'exploitation illégale des ressources naturelles et autres formes de richesse de la République démocratique du Congo indique que la Société de Traitement du Terril de Lubumbashi est repartie entre le Groupe OM (55 %), le Groupe George Forrest (25 %) et Gécamines (20 %).*

[2] *Nos propres recherches et commentaires. Le Groupe OM, d'origine américaine a vendu ses actions à la Gécamines.*

Conclusion

La question des investissements chinois en République démocratique du Congo aura fait couler beaucoup d'encre et de salive dans les milieux politiques, sociaux et surtout scientifiques. La convention du 22 avril 2008 a nourri les débats nationaux et internationaux. Le concept de coopération *"gagnant – gagnant"* semblant un appât, il a attiré les États africains, autant que la RD Congo, et a permis à la Chine de se créer un cadre politico-diplomatique lui permettant d'imposer un ordre.

Devant les contradictions sur les statistiques des échanges commerciaux entre les partenaires, l'absence d'information sur les exportations congolaises, la floraison incontrôlée des entreprises échappant quasiment au contrôle des autorités compétentes, il est indéniable que cette logique de coopération peut être considérée comme un bluff. Dans un environnement économique frappé par la crise mondiale, les investisseurs chinois ont réduit leurs niveaux de production, jusqu'à désinvestir et rapatrier leurs citoyens et leurs capitaux.

Suivant l'esprit de la convention sino-congolaise, il ne reste, à quiconque est intéressé par le débat, qu'à cogiter sur la question relative au versement de redevances au Trésor public congolais par les entreprises chinoises.

Bibliographie du Chapitre IV

Ambassade de France en République démocratique du Congo - Service économique, *Présence chinoise en RDC,* Kinshasa, le 25 juillet 2011.

Cepal, *"El regionalismo abierto en América Latina y el Caribe"*, Santiago de Chili, 1994, cité par Santander, S., *"Entre globalisation et régionalisme : la stratégie de coopération interrégionale Union européenne-Mercosur"*, by *Internet*, http://www.afri-ct.orgIMGpdfsantander2001.pdf

"China Railway Engineering Corporation", cf. *Internet*, http://fr.wikipedia.org/wiki/China_Railway_Engineering_Corporation

Christian Sautter, "La Découverte des pays émergents", *Commentaire*, n° 76, hiver 1996-97.

"Commerce Chine-RDC : 200 milliards de dollars en 2012", cf. *Internet*, http://french.peopledaily.com.cn/Economie/6216059.html

Congo Forum, *"La RDC otage des enjeux géostratégiques"*, cf. *Internet*, http://www.congoforum.be/upldocs/Enjeux.pdf

Eduardo Gana, "Los cambios estructurales en la integración latinoamericana y caribeña", in *Pensamiento Ibero-Americano*, n° 26, juillet - décembre 1994, p. 67.

Hugon, P., "Afrique subsaharienne. Une Afrique emportée par la crise mondiale", in Boniface, P. (sous la direction de), *L'Année stratégique. Stratéco : analyse des enjeux internationaux*, Paris, Dalloz - IRIS, 2009.

"Commerce Chine-RDC : 200 milliards de dollars en 2012", cf. *Internet*, http://www.french.xinhuanet.com/french/2007-07/14/content_457454.htm

Jian-Ye Wang et Abdoulaye Bio-Tchané *"Afrique–Chine : des liens Comment tirer le meilleur parti de l'engagement économique croissant de la Chine en Afrique"*, in **Finances & Développement,** mars 2008.

John Williamson, *Latin American Adjustment: How Much Has Happened ?*, Institute for international economics, Washington, 1990, cité par Santander, S., *Entre globalisation et régionalisme : La Stratégie de coopération interrégionale Union européenne-MERCOSUR*.

Kanyenya Ilunga Lynx hubert, *"Mines : gouvernance, transparence !"*, in *Liberté*, n° 1, février 2013.

Kasongo Lumbala Emile, *"Les Minières du Katanga affichent une santé de fer"*, in Horizon Mines Magazine, n° 00, juillet 2012.

Marysse, S. et *Geenen, S., Les Contrats chinois en RDC : l'impérialisme rouge en marche ?*.

Millet, D. et Toussaint, E., *Les Chiffres de la dette 2009*, CADTM, 2009.

Mubenga Marcel, *"285.000 dollars américains, appui du gouvernement congolais à l'ITIE – RDC"*, in Horizon Mines Magazine, n° 00, juillet 2012.

Organisation mondiale du commerce, *Accès aux marchés pour les produits et services dont l'exportation présente un intérêt pour les pays les moins avancés*, Genève, World Trade Organization, 2010.

Organisation pour la coopération et le développement économique, *Les Capacités de production d'acier dans les économies non membres de l'OCDE*, Paris, OCDE, 2010.

Thierry Vircoulon, "Stratégies chinoises de survie à Kinshasa, République démocratique du Congo", in *Repenser l'indépendance : la R.D. Congo 50 ans plus tard* - Actes du colloque du cinquantenaire, *Pole Institute*, 2010.

CHAPITRE V

La problématique du développement de la République démocratique du Congo par l'économie sociale de marché à l'ère de la mondialisation : Appréciation politico – économique

Introduction

Pour voir le soleil se lever, il ne faut surtout pas regarder à l'ouest. La naissance des nouveaux États en relations internationales dans les années 1960 a fait surgir sur la scène internationale une nouvelle problématique : *"La question du développement économique des ex-colonies"*. Les règles de coopération commerciale contrastant avec cette question légitime, les nouveaux acteurs au jeu international revendiquent leur révision afin de baser un équilibre facilitant leur ouverture et insertion dans le système.

Préfaçant Hamuli Kabarhuza Baudouin, Elikia M'bokolo pouvait-il noter que "*dans la situation tragique où se trouve plongé le Congo-Kinshasa depuis de si longues années, tous est bon à prendre, qui donne des raisons de ne pas désespérer et qui éclaire les procédures, les méthodes et les moyens par lesquels on peut redresser la marche d'un pays à la dérive. Tout, mais surtout le meilleur. Le meilleur, c'est-à-dire la volonté de changement, allié à la capacité de concevoir ce changement et à l'aptitude à mobiliser concrètement, ici et maintenant, les ressources le plus variées pour amorcer ce changement*[1].

La République démocratique du Congo est prisonnière d'une dépendance de plus en plus ruineuse que l'on ne peut appréhendée en dehors de l'arène sauvage mondiale, dont elle constitue le maillon le plus faible et qui prend un peu plus de rouille à chaque crise économique[2].

Il convient d'indiquer certains faits internationaux marquant le système tant sur le plan politique, économique que stratégique. D'abord, politiquement, l'environnement international traverse une période agitée par deux idéologies, capitalisme et communisme, de 1945 à 1990. Il s'en suit une unipolarité (idéologique) ambiguë dans laquelle on note le chevauchement entre transnationalisme ambigu et régionalisme anarchique[3]. Ensuite économiquement, relevons le déclin du capitalisme depuis la fin des années 1960[4], la monté en puissance des entreprises transnationales, l'émergence des nouveaux pays industrialisés, situés en Asie, l'entrée en scène des pays émergents *versus* la quasi totale disparition de nombreux États africains de la course au développement, l'ouverture d'un gigantesque champ de bataille en Afrique subsaharienne depuis la fin de la guerre froide, les récentes révolutions du printemps arabe. Enfin stratégiquement, la remise en question du monopole de puissance nucléaire opérée par les États du seuil nucléaire et puissances montantes, la privatisation de la

---

[1] Elikia M'bokolo, *"Préface"*, in Hamuli Kabarhuza Baudouin, *Donner sa chance au peuple congolais. Expériences de développement participatif (1985 – 2001)*, Paris, Karthala, 2002, p. 7.

[2] Sindayigaya Jean-Marie, *Mondialisation. Le nouvel esclavage de l'Afrique*, Paris, L'Harmattan, 2002, p. 7.

[3] Il naît de la volonté des Etats souverains voulant unir leurs efforts de consolidation des facteurs combinatoires de la paix et la puissance.

[4] François Perroux, *Le Capitalisme*, Paris, Col. Que sais-je ?, 6e éd. P.U.F., 1969.

violence devenue l'instrument du terrorisme international, sont autant des sujets qui minent les perspectives d'homogénéisation des projets de développement. Les contradictions entre les dirigistes et libéraux ont donné naissance à l'école allemande qui soutient et promeut la symbiose des stratégies économiques de développement. La *pensée de l'économie sociale du marché se résume en l'humanisation de l'économie et du marché.*

La mondialisation n'est pas un fait nouveau. Elle naît déjà aux XVIIe et XVIIIe siècles avec l'esclavage, s'atténue avec le colonialisme et la décolonisation et s'affermit avec le néocolonialisme sous forme de financement du développement par les institutions financières interna-tionales, le transfert des technologies, la nouvelle division internationale du travail, l'insertion forcée des États sous-développés dans l'ère de la numérisation de l'information pour se faire surveiller, etc.

L'environnement international devient de plus en plus mouvant. Les nouveaux acteurs tels que les firmes transnationales et les organisations internationales non gouvernementales influencent, voire dirigent, les processus décisionnels à l'échelle mondiale. Il apparait une opinion publique internationale avec la formation des réseaux sociaux.

Isolant la République démocratique du Congo et lui appliquant les différents paramètres d'analyse, il ressort que cet État subit la mondialisation au lieu de faire subir aux autres États sa mondialisation. Elle se retrouve, depuis des décennies et régulièrement, à la croisée de deux chemins dont à gauche elle embrasse volontiers le sous-développement en rejetant ipso facto son contraire posté à droite. Quel contraste ! Le discours sur la problématique du développement du Congo-Kinshasa est vieux comme le pays lui-même. Le manque de puissance productrice des actes refondateurs est le caractère essentiel des Congolais dirigeants et dirigés.

Pour comprendre intelligiblement de la problématique du développement de la République démocratique du Congo par l'économie sociale du marché à l'ère de la mondialisation, il faut se questionner sur *la probabilité de succès ou insuccès de l'économie sociale du marché en République démocratique du Congo afin d'atteindre un développement endogène-exogène ? Se fondant sur la quadruple dimension des enjeux en présence, n'est-ce pas un déséquilibre dans la combinaison des facteurs qui créerait une rupture de l'élan souvent amorcé, aboutissant ainsi au non-développement ?*

La restitution développée de ces deux questions nous invite à répartir ce mot scientifique, outre l'introduction et la conclusion, en sept points qui se présentent comme suit : le premier point expose les préliminaires sur l'économie sociale de marché. En second lieu, il s'agira de restituer le concept dans le temps. Troisièmement, nous formulerons quelques reproches à l'économie congolaise. La République démocratique du Congo vit dans un environnement international complexe qui est décrit au quatrième point. L'essentiel du cinquième point explique les atouts innombrables qui s'opposent aux insuffisances enkystées dans la République démocratique du Congo dans l'amorce du problème de son développement. Sixièmement, nous nous interrogeons s'il y a soubresauts de la mondialisation sur la quête de développement par le Congo-Kinshasa ? Enfin, intervient le septième point consacré aux perspectives qui invitent à connaître si c'est la fin du débat ou sa continuation dans notre beau pays.

1. Du concept "Economie sociale de marché" : Vue préliminaire

L'économie sociale de marché ou *économie de marché sociale* – selon la traduction exacte de *Soziale Marktwirtschaft* consiste en un mélange de deux systèmes. De la même façon que les *"démocraties populaires"* n'étaient ni démocratiques ni populaires, *"L'économie de marché sociale"* n'est ni libérale ni sociale. Non seulement il n'est pas question de mêler libéralisme et social-démocratie, mais les ordolibéraux rejettent à la fois le libéralisme (aussi bien économique que politique) traditionnel qu'ils nomment de manière péjorative le paléo-libéralisme et le socialisme, qu'ils considèrent comme le mal absolu[1].

Il y a mélange des éléments de marché libre ainsi que d'économie plus centralisée, lequel mélange abouti à un troisième choix entre peu ou trop d'intervention de l'État dans l'économie. De ce qui précède, trois caractéristiques sont à dégager :

a. le marché n'est pas libre, ou une donnée naturelle. Il doit être "institué et rigoureusement, et même autoritairement, encadré. Entre autres, par une Constitution, qui doit énoncer non seulement les principes économiques et sociaux (*Ordnung von Wirtschaft und Gesellschaft*), mais aussi les règles de fonctionnement intangibles et impératives pour assurer cet ordre (le projet de traité constitutionnel européen était typiquement d'inspiration ordolibérale)"[2],

b. l'absence de "centralisme aussi bien politique (décentralisation polico-administrative), qu'économique (lutte systématique, voire obsessionnelle, contre les monopoles et survalorisation des PME), que social (la famille comme cadre privilégié de la vie sociale, corporatisme et, d'une certaine manière, communautarisme)"[3] et

---

[1] Jean-Claude Coiffet, *"L'Economie sociale de marché"*, cf. *Internet*, http://ccbx.free.fr/IMG/pdf/Ordoliberalisme.pdf, p. 2, consulté le 23 mai 2013 à 21 heures 25 minutes.

[2] *Ibidem.*

[3] *Idem*, p. 3.

c. Enfin, l'État est conçu à la fois comme une sorte d'autorité religieuse, gardienne du credo "concurrentiel", et comme une entreprise dans son fonctionnement, et non comme l'État démocratique classique[1].

L'économie sociale de marché s'oppose au capitalisme industriel, résultat du capitalisme commercial, et socialisme *aveugle.* L'État offrant un cadre réglementaire pour sanctionner toute déviance s'interdit d'intervenir dans le jeu de libre concurrence. Les institutions publiques et privées sont soumises au même principe de *rentabilité.*

Cette pensée vise la construction de l'*État gendarme* et l'*Etat-providence.* En effet, l'objectif est d'*humaniser le travail afin de permettre au prestant* (travailleur) *d'atteindre le bien-être (welfare). De même, l'économie sociale de marché corrige donc les méfaits du capitalisme chosifiant l'homme par la quête du surprofit monopolistique et du socialisme collectivisant les facteurs de production en les concentrant dans la main du pouvoir public.*

2. Restitution du concept dans le temps

Le contexte économique des années 1950 en Allemagne fédérale pousse à augurer la quête et la mise sur pied d'une *économie "de transition entre le capitalisme et le socialisme, période d'accumulation socialiste.* Au cours de cette période, sur la base de la socialisation des grands moyens de production et d'échange, elle atteint un degré de développement des forces productives (mécaniques et humaines, ce qui implique notamment un gigantesque effort d'éducation)"[2].

La phase de la socialisation des grands moyens de production peut se réaliser doublement. Premièrement, par la naissance des institutions publiques productives ayant capacité d'accumulation dans le but de satisfaire les besoins.

---

1 Jean-Claude Coiffet, "L'Economie sociale de...", *Art. Cit.*, p. 3.

2 Ernest Mandel, *Traité d'économie marxiste*, Tome II, Paris, René Julliard, 1962, p. 282.

Deuxièmement, par la reconnaissance des institutions privées visant également la rentabilité dans la production des biens et services industriels utiles à la consommation.

3. Quelques reproches formulés à l'économie congolaise

L'économie de la République démocratique du Congo est caractérisée par :

a. La prédominance des importations des produits manufacturés. Les citoyens sont soumis à un régime d'importation des biens et services concourant à leur survie,

b. À l'inverse, la prédominance des exportations des matières premières s'affiche en raison de la nécessité d'obtenir de devises étrangères, l'écoulement des produits miniers extraits et la défense de relations diplomatiques avec le reste du monde. Depuis la colonisation, "l'exploitation minière suscite une économie extravertie, sans marché intérieur"[1],

c. Un circuit bancaire peu fiable n'offrant pas assez de possibilités de réaliser les transactions financières à l'échelle internationale en un temps record,

d. Un marché monétairement externalisé du fait de l'absence de confiance dans la monnaie nationale. Le franc congolais est remplacé par le dollar américain et les monnaies des pays voisins selon la sphère de désirabilité,

e. Un circuit commercial quasiment incontrôlé offrant des marges bénéficiaires les plus enrichissantes,

f. Une taxation douanière la plus exorbitante (après U.S.A.) pouvant atteindre 75 % du coût d'achat de la marchandise et

---

[1] Serge Cordellier (sous la direction de), *Le Dictionnaire historique et géopolitique du 20e siècle*, Paris, 2e éd. La Découverte, p. 149.

g. Une fraude fiscale dépassant 70 % et datant des plusieurs décennies venant d'être nourrie par la création de trop d'impôts tuant l'impôt[1].

4. La République démocratique du Congo dans l'environnement international complexe

L'environnement international, pendant la guerre froide, était caractérisé par la présence incontestée de deux superpuissances, notamment les U.S.A. et l'ex-U.R.S.S. La confrontation idéologique et militaire entre les deux a conduit à la rédaction d'une histoire politique et stratégique internationale où seule la capacité nucléaire s'est constituée en encre et plume.

Déjà, dans ce binôme idéologique (capitalisme – communisme), il s'était installé une première sorte de *complexité* du fait de l'obligeance à l'alignement des nouveaux États en relations internationales afin d'accéder à l'aide publique au développement. La coopération entre États suivait les règles des pays capitalistes ou communistes. Dès lors, la coopération entre le Congo et les

---

[1] À titre d'indication, relevons la *taxe sur la valeur ajoutée*, la *vignette* (dans certaines provinces), le *péage*, la *taxe de stationnement*, etc. Le rapport de l'Organisation de coopération et de développement économiques (O.C.D.E.) 2012 indique que le peuple congolais dépense plus de 40 % de son revenu à payer des impôts. Lire Organisation de coopération et de développement économique, Banque africaine de développement et Commission économiques pour l'Afrique, *"République démocratique du Congo"*, in **Perspectives économiques en Afrique 2010**, Paris, éditions OCDE, 2010 et Banque africaine de développement et al., *"République démocratique du Congo"*, in **Perspectives économiques en Afrique 2010 : Promouvoir l'emploi des jeunes**, Paris, éditions OCDE, 2012.

capitalistes s'est réalisée de manière tentaculaire, dictatoriale et excentrée par rapport aux questions nationales[1].

Cette complexité prend de proportion assez alarmante avec le démantèlement de l'empire soviétique. Le système international est envahi par des acteurs impossibles à maîtriser, notamment les firmes multinationales, les organisations internationales non gouvernementales, les acteurs subnationaux tels que les terroristes internationaux. Si les premiers contraignent les États grâce à leur pouvoir financier, les seconds se sont spécialisés dans la formation de l'opinion publique nationale et internationale du fait de gérer la capacité à publier les informations multidimensionnelles agitant même leurs financiers. La troisième catégorie d'acteurs est référée à des réseaux dits *à tort* ou *à raison voyous*. Ce sont les terroristes dont la localisation est quasi impossible. À en croire les analyses, ces acteurs subversifs sont engendrés par les États dans le but de s'espionner et se détruire sans repères.

Puisqu'aucun système vivant et ayant un certain âge ne peut disparaître sans résister, les efforts d'anéantissement ou de maîtrise de tels acteurs s'estompent à leurs mécanismes de survie, communication et interaction.

5. Les atouts innombrables versus les insuffisances enkystées de la République démocratique du Congo dans l'amorce du problème de son développement

Ces atouts constituent une probabilité du succès de l'économie sociale du marché. Ils sont opposés aux insuffisances qui expliquent une autre probabilité d'insuccès de la même économie.

---

[1] Lire à ce sujet Mpwate-Ndaume Georges, *La Coopération entre le Congo et les pays capitalistes. Un dilemme pour les présidents congolais 1908 – 2008*, Paris, L'Harmattan, 2010.

5.1. Les atouts factoriels naturels scandaleux

Un relevé de dotations factorielles naturelles assez étonnant mérite d'être établi. Indiquons à ce titre :

- Les ressources du sol, du sous-sol et de l'environnement (écologie) encore favorables et disponibles pour jalonner le développement
- La main-d'œuvre bon marché, disponible et accessible
- L'existence des espaces habitables grâce à une urbanisation moderne envisageable

Mais à l'inverse, la République démocratique du Congo offre un spectacle désolant du fait des insuffisances enkystées dans l'ensemble du système. Il faut noter que l'environnement international lui-même ne facilite pas la tâche à ses acteurs. Une étude approfondie postule que nous nous placions à ces deux niveaux : celui de la nation sous examen et celui du système international dont les autres composantes, réunissant les facteurs de puissance, exercent une influence considérable sur les faibles.

5.2. Paradoxe : les insuffisances enkystées

5.2.1. Les enjeux politico-stratégiques : le langage des dupes

L'environnement national cherche à :

a. Ne pas connaître un changement d'animateurs des institutions politiques congolaises. Il y a donc risque de ne jamais voir l'adage français qui dit : *"les hommes passent mais les institutions demeurent"* donc au Congo-Kinshasa, l'on veut bien que *"les hommes demeurent mais les institutions passent"*. Cette absence de la *dé-personnification* du pouvoir fait exclure l'institution ***État*** du concert des nations. La lutte dialectique de contraires ne pouvant que conduire à la victoire du fort démocratiquement et majoritairement, l'environnement international exige des animateurs de l'État congolais à afficher un comportement universel afin d'accepter ses projets de développement. Ce faisant, il s'opère de la duperie dont le fond est la tentative de soumission aux recommandations acteurs influents de l'environnement international très complexe, notamment la tendance à la démocratisation des institutions, l'essai d'adoption et d'observation des règles du jeu démocratique, etc. dans le but d'espérer gagner la confiance des parrains internationaux.

b. La désarticulation politique entre les composantes de l'exécutif, et ce dernier avec le législatif. Elle est facilitée par la déresponsabilisation des citoyens congolais écartés malignement de la gestion des institutions publiques.

c. Sur le plan stratégique, le Congo-Kinshasa traverse une période cacophonique. Il est rongé par une guerre dans laquelle cohabitent deux natures sans gêne de tous les environnements. À ce titre, il nous paraît important de noter l'***agrerébellion (agression-rébellion)*** assise sur un prisme identitaire réduisant la capacité des autorités congolaises. Ce même prisme identitaire fait échouer les perspectives de résolution du conflit congolo-congolais et aboutit à la construction d'un cercle vicieux conflictuel. D'où le conflit local régionalisé. Somme toute, combinant deux maillons faibles, c'est-à-dire une politique désarticulée et une sécurité aux abois, il est désespérant et incertain de résister autres les tentatives d'implosion.

5.2.2. Les enjeux socioéconomiques[1]

*a.*Alors que les pays émergents réduisent les déficits budgétaires et constituent des réserves de plus de 200 milliards de dollars américains, la République démocratique du Congo élabore un budget de 7 milliards de dollars dont la moitié doit être financée par les partenaires étrangers. En outre, le taux de pauvreté, d'analphabétisme et de mal nutrition sont élevés.

---

1 Pour certaines de nos affirmations, lire et appliquer à la R.D. Congo Mahamat Massoud, *La Banque des Etats de l'Afrique Centrale : une dérive prévisible*, Paris, L'Harmattan, 2010, 381 pp.

b. Financièrement, quelques faiblesses sont à indiquer :

- L'inexistence de parité fixe entre le Franc congolais et d'autres monnaies du fait de la possession, par les pouvoirs publics de ses devises propres. Ainsi circulent, dans le système monétaire congolais, plusieurs monnaies étrangères au détriment la devise nationale, citons le dollar américain, l'euro, le Franc de la Coopération financière d'Afrique, le Kwacha,

- Une convertibilité du franc congolais non assurée et non garantie par les partenaires, même les dits *traditionnels* ou *amis de la R.D. Congo.* En outre, la monnaie congolaise est faible face à d'autres devises.

- Un taux d'inflation supérieur à 7 % ; ce qui réduit les effets du taux de croissance situé en moyenne à 6 %[1].

- Une dette extérieure interminable faisant objet de chantage et d'humiliations des partenaires multilatéraux,

- Une totale liberté de transfert des fonds par les investisseurs étrangers sous prétexte d'attraction d'investissements directs étrangers.

- L'absence de réserves de change nationale pouvant être disponible pendant six mois,

- L'absence de contrôle de gestion fiable (audit) dans les institutions génératrices des recettes publiques

5.3. La gestion opaque des industries extractives. Membre de l'ITIE, la R.D. Congo vient à peine d'en être exclue pour manque de transparence. Les programmes PPTE et FEC connaissent également de difficultés de financement par des institutions de Bretton Woods à cause d'inefficacité gouvernementale. Ainsi s'accomplit le non-évitement de la *"malédiction des matières premières"*.

---

[1] Pascal Boniface (sous la direction de), *L'Année stratégique. Stratéco : analyse des enjeux internationaux*, Paris, Dalloz - IRIS, 2009, p. 382 indique un taux de 6,5 % en 2007.

6. L'écharde juridique

"Quand les éléphants se battent, ce sont les herbes qui en pâtissent" dit-on. Mais les herbes accusent leurs assassins et clament leur innocence devant toute justice. La mise en quarantaine de la République démocratique du Congo par certains acteurs du système international est justifiée par les violations de droits de l'homme ayant élu domicile sur son sol. L'on y dénombre des actes terroristes non reconnus, des crimes de génocides non clamés mais revendiqués par des nationaux et étrangers, des crimes de guerre, des crimes contre la paix, des enlèvements impunis, etc. les rapports organisations internationales non gouvernementales de défense des droits de l'homme fustigent le non-respect de la dignité humaine au Congo-Kinshasa ; ils recommandent les sanctions contre les Congolais quelle que soit la protection dont ils jouissent du fait de détenir le pouvoir politique et/ou militaire.

7. Le syndrome culturel ?

Une invention culturelle est la question identitaire. C'est un prisme identitaire, une schizophrénie, une mutilation du regard qui conduit à la pratique des actes ostracisant les citoyens appartenant à un seul et même État. Ce fléau est entretenu par les élites congolaises défendant le népotisme et la corruption comme instrument de gestion de la *res publica.* Ceci étant, le développement en R.D. Congo passe pour un devoir des non-Congolais prétendant défendre la justice et l'égalité[1].

[1] Lire à ce sujet Ignace Gnan, *Le Développement en Afrique : un devoir pour les Africains,* Paris, L'Harmattan, 2010.

8. Les soubresauts de la mondialisation sur la quête de développement par le Congo-Kinshasa ?

La mondialisation est en crise mais crise tendant vers sa fin. Elle exerce un effet érosif sur les économies, particulièrement sur la rémunération du travail. Elle provoque une contraction de la demande congolaise face à une offre internationale de la part de ses partenaires. La mondialisation consistant en un libre-échange mondial, elle facilite la réduction de la part du travail dans la valeur ajoutée non seulement en R.D. Congo mais aussi dans le monde entier. C'est la mise en concurrence des sites de production où les prix de la force du travail et de la marchandise étaient forts différents. Le fait étant de rapprocher petit à petit les sites les plus chers des sites les moins chers. Depuis la compression des revenus du travail par le libre-échange mondial[1], la demande congolaise n'est pas suffisante.

Dans cet angle, le libre-échange fonctionne avec la refondation politique des États. Tenter de transnationaliser la R.D. Congo en mutant ses frontières risque de mener à la dérive. La R.D. Congo n'a pas de tandems politiques et économiques pouvant lui permettre de résister aux exigences de la mondialisation, voire affronter les acteurs complexes de l'environnement international. Il faut les lui fabriquer et les lui donner.

9. Les perspectives d'avenir

L'on aime bien parler de la reconversion des mentalités sans pour autant reconnaître que c'est la *force impulsive* qui manque. Le changement est d'abord une énergie libérée avant d'être une matière. La réalité de l'être vivant c'est l'esprit qui est une force.

---

[1] Suivre Jean-François Cadet, "*Le Débat du jour : le protectionnisme européen*", cf. Internet, http://www.rfi.fr/protectionnisme-tranche_international_18h13_-_18h30_tu_20090219.mp3.

L'Afrique

aux éditions L'Harmattan

Dernières parutions

CROISSANCE AFRICAINE : Y CROIRE ET S'IMPATIENTER
15 clés pour comprendre les défis du continent
Heuraux Christine
Préface d'Abdou Diouf
Voici explorées les grandes thématiques qui façonnent la croissance et le développement du continent africain : ses richesses - démographiques, naturelles, agricoles et minières - ; ses faiblesses - infrastructures de transport, accès à l'eau et à l'énergie, système financier, éducation, formation ; les atouts et promesses de ses échanges commerciaux - avec le reste du monde et intra-africains.
(45.00 euros, 566 p.)
ISBN : 978-2-343-03840-7, ISBN EBOOK : 978-2-336-35250-3

SUR LE CHEMIN DU DÉVELOPPEMENT DE L'AFRIQUE
Remondo Max
L'Afrique a la possibilité de se développer, mais il existe chez les deux acteurs normalement déterminants dans cette entreprise complexe des handicaps qui l'empêchent d'y parvenir. Pour l'Africain, ce sont des traits de culture inhibiteurs. Pour l'État postcolonial, c'est l'absence ou l'insuffisance des conditions fondamentales de développement.
(Coll. Études africaines, 22.50 euros, 217 p.)
ISBN : 978-2-343-03321-1, ISBN EBOOK : 978-2-336-35279-4

HISTOIRE DES IDÉES ET DES FAITS SOCIOÉCONOMIQUES DE L'AFRIQUE
Bomfie Edmond Mokuinema
Cet ouvrage a pour objet la mise en débat de grandes idéologies qui ont traversé l'Afrique noire depuis le mercantilisme jusqu'à la mondialisation actuelle. Ces idéologies constituent non seulement des facteurs de rivalité ou de solidarité entre les communautés humaines mais elles peuvent aussi booster les changements sociaux. Pourtant des mythes et des inégalités se cachent derrière ces idéologies dominantes que l'Afrique subit, que l'intelligentsia africaine se doit de démasquer.
(Coll. Études africaines, 17.00 euros, 170 p.)
ISBN : 978-2-343-03547-5, ISBN EBOOK : 978-2-336-35240-4

DES SYMPHONIES POUR LA CROISSANCE VERTE
Littérature et dynamiques de l'environnement
Amuri Mpala-Lutebele Maurice
La croissance verte, c'est aussi l'oralité africaine. Elle cristallise effectivement la conscience écologique de l'Africain traditionnel qui véhicule des connaissances abondantes sur le monde qui nous entoure. La croissance verte, c'est la coexistence homme-nature dans le monde réel.
(Coll. Comptes Rendus, 46.00 euros, 416 p.)
ISBN : 978-2-343-04046-2, ISBN EBOOK : 978-2-336-35311-1

CES 100 DIGNITAIRES QUI CHANGÈRENT L'AFRIQUE PROCONSULAIRE SOUS LE HAUT-EMPIRE ROMAIN
Riches et généreux – 27 av J.-C. - 284 ap. J.-C.
Mouckaga Hugues
Cet ouvrage répertorie, parmi d'autres, 100 dignitaires issus d'un certain nombre de cités sous le Haut-Empire romain, qui ont accumulé de la richesse par le biais d'activités orthodoxes - l'agriculture, l'élevage et les fonctions intellectuelles - et hétérodoxes - l'art, l'artisanat, le commerce - et qui laissèrent la réputation d'hommes et de femmes généreux. Nous pénétrons ainsi dans cette société africaine de l'Antiquité.
(20.00 euros, 198 p.)
ISBN : 978-2-343-03594-9, ISBN EBOOK : 978-2-336-35257-2

ARMES LÉGÈRES ET GROUPES ARMÉS EN AFRIQUE SUBSAHARIENNE
Effets pernicieux sur le développement économique et social
Essimbe Victor
La disponibilité et l'utilisation incontrôlée des armes légères et de petit calibre par les groupes armés peuvent avoir des conséquences destructrices sur l'activité économique officielle et informelle. Ce livre fait le tour complet des handicaps à l'essor économique et au bien-être social des sous-régions de la CEDEAO et de la CEEAC, causés par la «synergie» groupes armés-armes légères.
(Coll. Études africaines, 27.50 euros, 268 p.)
ISBN : 978-2-336-29316-5, ISBN EBOOK : 978-2-296-53936-5

ACCORDS (LES) POLITIQUES DANS LA RÉSOLUTION DES CONFLITS ARMÉS INTERNES EN AFRIQUE
Ehueni Manzan Innocent - Préface de Jean du Bois de Gaudusson
La question des conflits armés constitue un véritable «casse-tête africain» aussi bien pour les acteurs locaux qu'internationaux. Comment sortir de cette insécurité chronique et de la guerre civile et parvenir à une stabilité et un développement durables ? Ce livre expose la conclusion des accords politiques en insistant distinctement sur l'environnement politique de leur formation ainsi que sur le cadre juridique qui les caractérise. Il procède aussi à l'examen de l'application de ces accords.
(Coll. Défense, Stratégie et Relations Internationales, 60.00 euros, 772 p.)
ISBN : 978-2-343-00551-5, ISBN EBOOK : 978-2-296-53836-8

L'on reconnaît le soleil par ses rayons brûlants contre lesquels l'on ne peut s'exposer tout la journée quel que soit le froid. Il importe donc de fixer le problème et lui opposer des remèdes solides. Par exemple : aux violations des droits de l'homme, crimes de guerre, crimes contre la paix, terrorisme et crimes économiques, *appliquer des sanctions pénales du fait de leu.* La gouvernance peut être rendue possible si l'on fait la jonction entre le *soft power* et le *hard power.* Ce qui manque à la R.D. Congo c'est l'emploi réel et suffisant de ces deux puissances.

Face à la puissance des firmes transnationales, aucun État, même les États-Unis d'Amérique, n'a tenu tête. Il faudrait alors constituer un capital national, des entreprises publiques *rentables* capables d'atténuer la puissance des firmes transnationales et rendre moins acerbes les vives critiques organisations internationales non gouverne-mentales. Le contrôle des firmes transnationales revêt toujours des faiblesses. Que dire d'un État moins modernisé et sans moyens économiques et financiers tel que le nôtre ? Devant la pénétration des Organisations internationales non gouvernementales, de fois financées et œuvrant pour le compte des États nantis, toute république démocratique envahie par des conflits armés, partageant des frontières avec des États terroristes, ne peut que faire l'objet de contagion et critiques acerbes. C'est le cas de figure du Congo-Kinshasa.

Conclusion : la fin du débat ou sa continuation ?

Le débat sur le développement ne se terminera jamais, car c'est l'idéal des États, même de la Palestine qui attend encore son autodétermination. Le modèle allemand a prévalu après la Seconde Guerre mondiale dans un contexte nationaliste. Il a eu le mérite de résoudre la question du chômage lequel avait permis à Adolf Hitler de réussir l'holocauste mondial[1]. La prédominance des économies capitalistes explique le faible taux d'application du modèle allemand dans le monde. Dans le cas du Congo-Kinshasa, il se retrouve au niveau du sous-développement. Depuis l'avènement de la disparition du président Laurent-Désiré Kabila, les perspectives de la mise en application de l'économie sociale de marché se sont estompées aux probabilités d'insuccès déjà décrites. Quant au débat sur la mondialisation, il subira autant de réajustement que ses crises vont devoir passer. L'invitation est lancée aux Congolais de tous horizons afin de falsifier ce débat, c'est-à-dire matérialiser leur développement pour inscrire le nom de la République démocratique du Congo sur le marbre de la mondialisation toujours en marche. Une telle *falsification* dans la *continuation* est celle que font les États dits émergents ; hier les NPI les ont devancés.

En appliquant l'économie sociale de marché, l'on peut se développer pour maîtriser la mondialisation et résister aux acteurs privés des relations internationales rendant l'environnement international complexe.

---

[1] La Seconde Guerre mondiale, selon notre vue, a deux grandes raisons ; la première (politique) est le nationalisme nazi. La seconde est économique : le chômage de six millions d'Allemands provoqué par Adolf Hitler.

Bibliographie du Chapitre V

Banque africaine de développement et al., *"République démocratique du Congo"*, in **Perspectives économiques en Afrique 2010 : Promouvoir l'emploi des jeunes**, Paris, édition OCDE, 2012.

Ernest Mandel, *Traité d'économie marxiste*, Tome II, Paris, René Julliard, 1962.

François Perroux, *Le Capitalisme*, Paris, Col. Que sais-je ?, 6e éd. P.U.F., 1969.

Hamuli Kabarhuza Baudouin, *Donner sa chance au peuple congolais. Expériences de développement participatif (1985 – 2001)*, Paris, Karthala, 2002.

Ignace Gnan, *Le Développement en Afrique : Un devoir pour les Africains*, Paris, L'Harmattan, 2010.

Jean-Claude Coiffet, *"L'Economie sociale de marché"*, cf. *Internet*, http://ccbx.free.fr/IMG/pdf/Ordoliberalisme.pdf.

Jean-François Cadet, *"Le Débat du jour : le Protectionnisme européen"*, cf. Internet, http://www.rfi.fr/protectionnisme-tranche_international_18h13_-_18h30_tu_20090219.mp3.

Mahamat Massoud, *La Banque des États de l'Afrique centrale : une dérive prévisible*, Paris, L'Harmattan, 2010.

Mpwate-Ndaume Georges, *La Coopération entre le Congo et les pays capitalistes. Un dilemme pour les présidents congolais 1908 – 2008*, Paris, L'Harmattan, 2010.

Organisation de coopération et de développement économiques, Banque africaine de développement et Commission économique pour l'Afrique, *"République démocratique du Congo"*, in **Perspectives économiques en Afrique 2010**, Paris, éditions OCDE, 2010.

Pascal Boniface (sous la direction de), *L'Année stratégique. Stratéco : analyse des enjeux internationaux*, Paris, Dalloz - IRIS, 2009.

Serge Cordellier (sous la direction de), *Le Dictionnaire historique et géopolitique du 20e siècle*, Paris, 2e éd. La Découverte.

Sindayigaya Jean-Marie, *Mondialisation. Le nouvel Esclavage de l'Afrique*, Paris, L'Harmattan, 2002.

Liste des acronymes utilisés

A.F.D.L.	Alliance des forces démocratiques pour la libération du Congo-Zaïre
A.I.A.	Association internationale africaine
A.I.C.	Association internationale du Congo
A.P.R.	Armée patriotique rwandaise
C.I.A.T.	Comité international d'accompagnement de la transition
C.P.P.	Comités de pouvoirs populaires
F.A.R.	Forces armées rwandaises
F.E.C.	Fédération des entreprises du Congo
FARDC	Forces armées de la République démocratique du Congo
I.T.I.E.	Initiative de transparence des industries extractives
L.R.A.	Lord's Resistance Army
M.L.C.	Mouvement pour la libération du Congo
M.O.N.U.C.	Mission d'observation de l'ONU en République démocratique du Congo
M.O.N.U.C.	Mission de l'Organisation des Nations unies en République démocratique du Congo

MONUSCO	Mission de l'Organisation des Nations unies pour la stabilisation en République démocratique du Congo
N.P.I.	Nouveau pays industrialisé
O.U.A.	Organisation de l'Unité africaine
P.P.T.E.	Pays pauvre très endetté
R.C.D.	Rassemblement congolais pour la démocratie
S.A.D.C.	Southern African Development Community
U.P.C.	Union des patriotes congolais

Table des matières

AFRIQUE (L') N'A PAS DIT SON DERNIER MOT : L'INCULTURATION
Séménou Romain Mensan
L'Afrique va-t-elle si mal ? Les Africains ont-ils les ressources ontologiques et anthropologiques nécessaires au développement du continent ? La culture et la tradition africaines sont-elles viables et efficientes à ces heures de mondialisation ? Quel est l'impact de la religiosité sur le développement du continent africain ? L'Église est-elle complice du sous-développement africain ? Voilà les questionnements qui constituent la texture de ce livre autour d'un thème théologique : l'inculturation.
(Coll. Points de vue, 14.00 euros, 136 p.)
ISBN : 978-2-336-30159-4, ISBN EBOOK : 978-2-296-53760-6

RUSES (LES) DE LA MONDIALISATION EN AFRIQUE NOIRE
Le rôle des intermédiaires du développement
Louvel Roland
L'intégration de l'Afrique noire dans les réseaux planétaires s'est traduite par un «coût de raccordement» très élevé pour le continent. Elle n'aurait jamais pu s'opérer sans l'entremise d'un certain nombre d'intermédiaires : à la fois passeurs et passages obligés, ils mettent en relation, favorisent les échanges, ouvrent les voies du commerce et de la transmission des savoirs. Ces personnages de l'entre-deux interfèrent tout autant qu'ils s'approprient et transmettent les apports extérieurs, en position d'interface entre deux systèmes.
(26.00 euros, 262 p.)
ISBN : 978-2-336-30095-5, ISBN EBOOK : 978-2-296-53802-3

AFRIQUE SUBSAHARIENNE
Mémoire, histoire et réparation
Dampha Lang Fafa
L'Afrique subsaharienne est la seule partie du monde à avoir subi l'esclavage à échelle massive, ainsi que la colonisation, l'apartheid, le commerce des esclaves et le colonialisme occidental, le tout dans une atmosphère de brutalité sans précédent. Plus de cinquante ans après l'accession à la souveraineté du premier pays de l'Afrique subsaharienne, le Ghana de Kwame Nkrumah (1957), un regard analytique porté sur le continent révèle une situation qui est loin d'inciter à l'optimisme.
(Coll. Racines du Présent, 21.00 euros, 204 p.)
ISBN : 978-2-336-29371-4, ISBN EBOOK : 978-2-296-53724-8

UN BLANC DRAMATIQUEMENT NOIR
55 années en Afrique noire
Sénégal - Côte d'Ivoire - Cameroun - Gabon - Congo - Togo - Niger - Mali - Guinée - Burkina - Mauritanie
Decupper Joël - Préface de Venance Konan
Voici le récit exceptionnel de 55 années d'existence hors norme en Afrique Noire francophone d'un Français autodidacte devenu patron de presse (Afrique Sport, Afrique Médicale, Africa International, Éditions Chaka...), proche de plusieurs Chefs d'État alors que d'autres l'auraient volontiers pendu. Voici un regard frondeur sur l'Afrique, ses élites, ses mœurs, sans retenues ni déférence, sans

préjugés ni parti pris. Le récit fourmille de faits inédits, de péripéties drôles et fâcheuses.
(27.00 euros, 364 p.)
ISBN : 978-2-343-00946-9, ISBN EBOOK : 978-2-296-53781-1

OBTENTION (L') DES BREVETS PHARMACEUTIQUES EN AFRIQUE
Le cas des pays de l'Organisation Africaine de la Propriété Intellectuelle (OAPI)
Juvet Lowé Gnintedem Patrick - Préface de Tshimanga Kongolo
Le législateur OAPI a entendu faire de la propriété intellectuelle un instrument de développement pour les États membres, tout en s'arrimant aux textes internationaux pertinents. Mais le texte adopté lève-t-il pour autant les appréhensions résultant du souci d'assurer l'accès aux médicaments dans un contexte de développement particulier ?
(Coll. Études africaines, 21.50 euros, 216 p.)
ISBN : 978-2-343-00374-0, ISBN EBOOK : 978-2-296-53811-5

LETTRES DE VOYAGE
De la Mer Rouge à l'Atlantique (1901-1903)
Du Bourg de Bozas Robert - Avant-propos et notes de Claude Guillemot
Au tout début du XXe siècle, Robert du Bourg de Bozas, jeune aristocrate fortuné et cultivé, organise à ses frais une mission scientique à travers l'Afrique soutenue par le ministère de l'Instruction publique. Parti de Djibouti le 2 avril 1901, accompagné d'un jeune médecin, de deux autres Européens et d'une imposante caravane, il meurt de paludisme au Congo dans la nuit de Noël 1902. Tout au long de son périple, il entretient une correspondance avec ses proches et particulièrement avec son père.
(Coll. Mémoires du XXe siècle, 13.50 euros, 126 p.)
ISBN : 978-2-343-00244-6, ISBN EBOOK : 978-2-296-53944-0

CHRONIQUES POUR L'ÉMERGENCE D'UNE AFRIQUE RAYONNANTE
Bissog Martial - Avant-propos de Léonard Gofake
Préface de Guy Parfait Songue
L'auteur jette un regard panoramique sur la société africaine actuelle et le rôle des Africains dans le grand jeu politique du monde. Cette compilation de chroniques est un appel à une prise de conscience et de responsabilité de la part de tous les acteurs du continent, pour mettre sur les rails un nouveau modèle de pensée et de développement afin qu'émerge une Afrique rayonnante.
(Coll. Points de vue, 19.00 euros, 196 p.)
ISBN : 978-2-336-29302-8, ISBN EBOOK : 978-2-296-53521-3

L'HARMATTAN ITALIA
Via Degli Artisti 15; 10124 Torino

L'HARMATTAN HONGRIE
Könyvesbolt ; Kossuth L. u. 14-16
1053 Budapest

L'HARMATTAN KINSHASA
185, avenue Nyangwe
Commune de Lingwala
Kinshasa, R.D. Congo
(00243) 998697603 ou (00243) 999229662

L'HARMATTAN CONGO
67, av. E. P. Lumumba
Bât. – Congo Pharmacie (Bib. Nat.)
BP2874 Brazzaville
harmattan.congo@yahoo.fr

L'HARMATTAN GUINÉE
Almamya Rue KA 028, en face du restaurant Le Cèdre
OKB agency BP 3470 Conakry
(00224) 60 20 85 08
harmattanguinee@yahoo.fr

L'HARMATTAN CAMEROUN
BP 11486
Face à la SNI, immeuble Don Bosco
Yaoundé
(00237) 99 76 61 66
harmattancam@yahoo.fr

L'HARMATTAN CÔTE D'IVOIRE
Résidence Karl / cité des arts
Abidjan-Cocody 03 BP 1588 Abidjan 03
(00225) 05 77 87 31
etien_nda@yahoo.fr

L'HARMATTAN MAURITANIE
Espace El Kettab du livre francophone
N° 472 avenue du Palais des Congrès
BP 316 Nouakchott
(00222) 63 25 980

L'HARMATTAN SÉNÉGAL
10 VDN en face Mermoz, après le pont de Fann
BP 45034 Dakar Fann
33 825 98 58 / 33 860 9858
senharmattan@gmail.com / senlibraire@gmail.com
www.harmattansenegal.com

L'HARMATTAN BÉNIN
ISOR-BENIN
01 BP 359 COTONOU-RP
Quartier Gbèdjromèdé,
Rue Agbélenco, Lot 1247 I
Tél : 00 229 21 32 53 79
christian_dablaka123@yahoo.fr

Achevé d'imprimer par Corlet Numérique - 14110 Condé-sur-Noireau
N° d'Imprimeur : 112123 - Dépôt légal : octobre 2014 - *Imprimé en France*

www.ingramcontent.com/pod-product-compliance
Lightning Source LLC
LaVergne TN
LVHW021232061026
849535LV00008B/3023
* 9 7 8 2 3 4 3 0 3 8 3 0 8 *